プログラミング思考のレッスン

「私」を有能な演算装置にする

野村亮太

Nomura Ryota

a pilot of wisdom

目次

序章　「しくむ私」の発想法

賢い知恵の使い回し

数年来の友人に、Google に勤めている人がいます。彼はインターネット検索アプリである Chrome のリファクタリングを仕事にしているそうです。リファクタリングとは、ある処理をするプログラムについて、外部から見た振る舞いを変えずに、プログラム内の構造を変更することを指します。

リファクタリングにおいて最も重要なのは、外的な振る舞いを全く変えないということです。そこで何かしら変わってしまうと、これまで問題なく動作していたシステムが機能しなくなることがあるからです。局所的な問題になるだけならよいのですが、プログラムは複雑に絡み合っているので、わずかな変更がシステム全体の機能不全を引き起こすことさえあります。

そのリスクを冒してまで内部処理を変えるのには相応の理由があります。

それは Chrome の処理速度を高めれば、利益が上がるからです。プログラムを修正して、具体的には小数点以下何桁もゼロが続くコンマ何秒だけでも速く動作するようにできれば、広告収入が数億円単位で増えるといいます。この仕事に人員を配置して、継続的な改善によって得られる巨額の収入がGoogleという大企業を支えているのでしょう。

私は、この友人が携わっている仕事のスケールを聞きたいと思って、普段しているリフアクタリングの作業を、家のリフォームでいうとどのくらいの規模なのか尋ねてみました。彼は笑って、「だいたい、階段をこちらからあちらに付け替えるくらいですよ」と教えてくれました。

なるほど。それはけっこうな仕事です。そうした仕事を任されている彼は、きっと卓越したプログラマです。

ところが、そんな彼でさえ、まだその道の達人には敵《かな》わないといいます。彼が同じ職場で一緒に働いているシニア・プログラマは、彼のさらに上を行くそうです。

彼が任された仕事で三日間ほど悩んでいた箇所があり、どうしても解決しないところに、シニア・プログラマの方がふらっと来ました。問題点とこれまでにテストした内容を簡単に伝えると、そのシニア・プログラマは、数分のあいだコードを眺めて、「このあたりが怪しいね」と言ったのです。その後、その部分を丹念に調べていくと、果たしてエラーの原因に突き当たったというのです。

私はこのエピソードを聞いて、漫画のような戦闘力のインフレ、いや、プログラミング能力のインフレが現実にあるのか、と驚きました。

これはやはり雲の上の世界の話で、私たちがどんなに努力を重ね、一生をかけても、その領域にまでは到達することはできないかもしれません。しかし、こうした達人レベルのプログラマの考えたアルゴリズム（工夫が凝らされた手順）や美しいコード群は、私たちにもすぐに恩恵をもたらしてくれます。

というのも、残されたビューティフル・コード（高速で動作し、かつ、簡潔な記述で、ほかの人が見ても読み取りやすいプログラム）には、具体的な手順が目に見える形で残っています。しかもある程度コードを読み解く力さえあれば、内容を真似《まね》ることもできます。

このプログラミングを媒介した学び方は、文明を持つ人間が進化の過程で獲得してきた尊い能力の一つです。いうなれば先人が発明してくれた便利な車輪を再び発明しなくても、それを使うことができるということです。適用範囲に注意しながら、ありがたく使わせてもらいましょう。

これがもしプログラミング以外の分野なら、達人の考えは具体的なものとしては、ほとんど何も残りません。ですから、達人が残した言葉の記録が何かためになるだろうと考えても、爪の垢《あか》を煎じて飲むくらいしか効用を感じる方法はありません。

私は認知科学という領域で、噺家《はなしか》が熟達する過程を研究しています。研究内容をざっくりといえば、噺家はどんな演じ方で観客を魅了しているのか、また、そうした演じ方の工夫はどういう修業で身についていくのかということです。

この後の章で紹介するように、私はきちんと納得できる落語の研究を模索する過程で、コンピュータ上でのシミュレーションが必要だと考えるようになりました。そのための技術として、私はプログラミングを本格的に学び始めました。本書ではそこで学んだプログラミングの前提にある発想法について論じていきます。

端的にいえば「こんなことができたらいいな」をキーワードに、そうした願いを実現する考え方として、プログラミング思考について説明していきます。

この発想法は、コンピュータを動かすときだけではなく、演算装置としての自分を駆動させたり、環境に働きかけたりするときにも実は適用することができます。ときどき点検も忘れずに、健全な使い回しをしていきましょう。

本書を読んで、プログラミング思考が役に立ったり、ためになったりしそうだと、あなたがおぼろげにでも感じていただけるよう期待しています。

プログラミング思考のエッセンスを学んで、願わくは余裕をもって創造的な仕事を！

記憶にもしくみがある

私には心理学のバックグラウンドがありますが、自分の内にあるアイディアが芽生え、醸成されていくと信じて、分野にとらわれず優れた論文や著書を積極的に読むようにしています。

そのなかで、最近読んで感銘を受けた本があります。

内容ももちろん興味深いのですが、それだけではなく、もっと私の思考の底のほうに根付いている、ものの見方から変えてくれるものでした。

私の主観的な世界の見え方をがらりと転換させた、その本とは、生物学者エリック・カンデルらの書いた『記憶のしくみ』（上下、講談社ブルーバックス、二〇一三）です。

エリック・カンデル教授といえば、ノーベル生理学賞・医学賞を受賞した生物学者です。理学系の方なら、カンデル教授が総編集を務めた『カンデル神経科学』（日本語版監修／金澤一郎・宮下保司、メディカル・サイエンス・インターナショナル、二〇一四）という分厚い教科書を見たことがあるのではないでしょうか。これは、現代の生物学のほぼ全域をカバーする書籍で、こんな途方もないスケールの書物があったのかと思わず感嘆の吐息を漏らしてしまうほどです。物理的なぶ厚さも含めて。

その著者カンデル教授が、動物の記憶について生物学の観点からわかりやすく丁寧に解説している『記憶のしくみ』を読んだとき、私は快哉《かいさい》を叫びました。

例えるなら、あたかも知的な意味で心が晴れゆく気持ちとでもいうのでしょうか。爽やかな知性に触れてワクワクした気持ちです。

この本で紹介されているのは、まさに記憶の「しくみ」です。読み進めるほどに、読者の予想もしなかった、非常によくできたしくみで記憶が生まれ、保持されている様が、次々と紹介されます。

記憶の「しくみ」は、学習の一種である馴化《じゅんか》の説明から始まります。

例えば、犬は危険から逃れるために、大きい音などを聞くと驚いてその音のほうを見ます。しかし、こうした音も繰り返し聞くと、すぐに慣れてしまい、大きな反応を示さなくなります。これが馴化です。

馴化のしくみを明らかにするための実験に用いられた動物は、アメフラシでした。

生物学などの分野では、あるテーマを研究するのに標準的に用いられている動物を実験動物と呼びますが、馴化の研究ではアメフラシが実験動物として選ばれました。それは、アメフラシの神経細胞の配線が単純であり、かつ、学習に関連する神経が目視できるほど大きいという実験に適した性質を有していたからです。

アメフラシのエラを実験者が棒でつつくと、アメフラシはエラを引っ込めるのですが、繰り返しやるとそれほど機敏には反応しなくなります。そう、馴化が起こったのです。

私が心理学の講義をするなら、「いいか学生諸君、動物にはな、こうした馴化と呼ばれる学習があって、それによって行動が変化するんだ」とでも述べて、授業を終えるでしょう。

しくみがわかると楽しすぎる

しかし本当におもしろいのは、ここからです。ご自身もアメフラシを使って実験をされたカンデル教授は、馴化がある決定的なしくみで成り立っていると述べます。

そのカギは、シナプス小胞です。この小さなカプセルが神経細胞のなかでの役回りを担うことで、馴化が成り立っています。

人間に限らず、動物が有する神経細胞の突端にはごく短い距離の間隙があり、間隙を挟んだ神経細胞同士の接合部分はシナプスと呼ばれています。こうしたシナプスには間隙があるので、神経細胞が次の神経細胞に情報を伝えるためには、一工夫必要です。

その役を担うのが、神経伝達物質と呼ばれる化学物質です。

電子顕微鏡と細胞を発光させる技術の開発により、微小の世界が目視できるようになりました。その結果、それまで裸のまま晒《さら》されていると思われていた神経伝達物質が、実はカプセルに包まれていることがわかりました。

実験者がアメフラシのエラを棒でつつくと、この情報が神経を伝わっていきます。実験を通して明らかになった伝達の過程はこうです。

シナプスの前の細胞が情報を受け取ると、まず神経細胞内の神経伝達物質を包み込むシナプス小胞が、間隙の側へと押しやられます。そうして、いよいよ神経細胞の突端まで来ると、このシナプス小胞は弾《はじ》けて、中にある神経伝達物質がシナプス間隙に放出されます。それがしばらく漂い、次の神経細胞に受け止められます。この一連の働きにより情報が伝わります。

しばらくのあいだは、シナプス小胞が立て続けに弾けることで次々と情報が伝わっていきます。しかし、シナプス小胞はすぐには充塡されません。細胞全体で見たときのシナプス小胞の総数としてはさほど変化しないのですが、神経細胞の先にある、すぐに放出できるシナプス小胞のストックだけは減少していきます。

このように弾けるカプセルが少なくなると、神経細胞間の伝達効率は低下します。つまり、シナプス小胞数の減少こそ、馴化を引き起こす原因だったのです。

いくつかの実験の結果、シナプス小胞数の減少と、アメフラシのエラ引っ込め行動の頻度と素早さにははっきりとした相関が見られました。行動の面からも、アメフラシの馴化は、神経細胞の突端部分の蓄えられた小胞の数が減少することで生じていたことが確かめられました。

私はこれを読んで、たまらなくおもしろい、と感じました。

私たちや、動物の身体《からだ》のなかに、こんなに簡潔で、しかもよく計算されたしくみがあったのかと知り、驚いたからです。

さらに、カンデル教授は穏やかに、しかし熱を帯びて語り続けます。

種々の神経細胞に関する実験の結果によると、短期記憶は、神経細胞同士の結合の強さに生じる変化というしくみで実現されているというのです。一方、長期記憶は、神経細胞同士のつながり方が変わるという構造の変化というしくみでできているといいます。

なんという見事なしくみでしょう。

短期記憶や長期記憶についてなら、心理学でも教えます。しかし、そこで説明されるのは、短期記憶とか長期記憶と書かれた箱が、矢印でつながった関係図です。ですから、学生は、繰り返し口にすることで短期記憶が長期記憶になるという関係を学ぶに止《とど》まります。

勉強したら覚えているとか、繰り返せば忘れにくいというのは、学生が自分で経験してきた実体験に基づいて素朴に抱いている見方とさほど変わらない説明です。学生もこれまでにどこかで聞いたことがあるのでしょう。私が心理学の授業で学生に語ってみても、「はい、そうですか」とでも言いたいかのような微妙な表情を見せます。

記憶の「しくみ」について理解しているのとしていないのでは、説明の具体性も記憶保持のための方略を予想できるかも全く違います。

例えば、電話番号を復唱しないと覚えていられないという体験について考えてみます。心理学的な説明では、復唱することの働きがよくわかりません。少なくとも、それがなぜ電話番号を忘れるのを防ぐために必要なのか、ピンときません。

それに対して、記憶のしくみを踏まえると、こんなイメージができます。

私たちが電話番号を忘れないようにしている最中でも、周囲の環境から視聴覚情報が絶えず入ってきます。神経細胞同士の結合強度は、そうした刺激にも反応して、結果的には常に揺れ動いているのでしょう。一方、短期記憶は脳内では結合強度の変化として一時的に保持されているのですから、復唱をして神経細胞同士の結合強度を安定させないと、記憶が新たに入ってくる環境の視聴覚情報からの干渉を受けることになります。

非常に具体的にイメージが湧きます。それだけではなく周りがうるさいとすぐに電話番号を忘れてしまうという実体験にもぴったり一致します。

さらに、長期記憶に関しても、こうした記憶のしくみを知ることで記憶が保持される際の流れをイメージできます。これは同時に、記憶がうまく保持できない事態についても説明することにもなります。

例えば、覚えたいと思ったことを、自分の心に深く止めておくためには、繰り返し復習しないといけないのは、私たちも経験的によく知るところです。しかし、無闇《むやみ》に繰り返せばよいということではありません。長期記憶のしくみからいうと、神経細胞の構造の変化が起こるまでやらなければならないのです。そうでないと――神経細胞同士の結合強度の変化に止まっていては――長期記憶にはならないからです。

この説明は、直截《ちょくさい》的で非常によく納得できます。

カンデル教授のいう「しくみ」という発想が、私にとっては非常に新鮮なものでした。

心理学的な説明は容易ではない

この考えに触れて回顧してみると、私は、以前から心理学的な説明に漠然とした頼りなさを感じていました。

例えば、神経質な性格が、その人の几帳面《きちょうめん》な行動を説明するとか、自分で決めたことには、動機づけが高まり、その行動は継続しやすいといった説明などが、その例です。これらの説明は一見すると、なるほどとも思えます。しかし、いったいそれはどんなメカニズムで起こるのかと、ふと考えてみると、これらの説明にはしくみについては何ら記述されていません。

つまり、心理学的な説明には、神経細胞にあるシナプス小胞が弾けて、神経伝達物質を伝えるような、そういう実体が必ずしも存在しないのです。

先の心理学的説明の例でいえば、性格と几帳面な行動をつなぐ物理的な実体は何なのか、自己決定から動機づけへの矢印に相当する部分では、いったい何がどう働いているのかわからないという意味です。

考えてみれば、こうした心理学は因果的な説明を好みます。この前提には、なんらかの心理的な原因があり、その結果として人間の行動が生まれるというものの見方があります。これは、言い換えれば、人間の内部の状態と具体的な行動とのあいだに、しくみの見えない概念的な因果の矢印を引くということです。

ところが、現実に目をやれば、人間というものは、話もすれば飯も食う存在です。だから、人間の振る舞いをそうそう一つの原因だけに帰属することはできません。

例えば、入試の勉強をするとなっても、ある大学に行くのは、就職率がいいからなのか、あるいは名声を得たいのか、その違いによって勉強に身が入るかどうかは変わってきます。また、親が過干渉なために生じる感情にとらわれて、勉強に打ち込めないということもあるでしょう。こうした生身の人間を考えたとき、原因を一つに絞ることは、ほとんど見込みがないといいたくなるほど、容易ではありません。

こうしてみると、心理学では当たり前のように受け入れられている考え方は、かなり振り切れた思想といえるのではないでしょうか。

心理学の実証主義に露見する限界

こうした指摘に対して、心理学の先人たちは、物理学の研究手法を真似ることで、確からしさを保証しようとしてきました。具体的には、実験的な場を作り、影響を与えそうなものをすべて同一条件に整えて（統制して）、そうして初めて原因と結果と相関関係を因果関係だと見なすのです。

仮に、統計がよく身につくという話題の野村メソッドというものがあって、それで授業をしたとき、学生の平均点が八〇点だったとします。それに対して、一般的な統計の授業では、平均点が七〇点だったという仮想的な状況を考えます。

「これは確かにいいメソッドだ」と結論するには、ほかに影響しうる様々な可能性を統制する必要があります。

例えば、野村メソッドの授業を受けた学生だけ、以前からよくできる学生だったかもしれません。ですから、二つの授業を受ける学生のその時点までの学力が同じくらいであるということを確かめなければいけません。また、どちらの授業を受けるかもランダムに決める必要もあります。これは授業効果が出やすい学生ばかりが野村メソッドに割り当てられてしまうという可能性も排除するためです。

より正確を期すためには、事前に統計のテストをしておくことも必要です。なぜなら、授業の前後で得点が変わらなかったなら、それは、授業の効果ではないということになるからです。それ以外にも、もしも一般的な統計の授業を受ける教室の隣で工事をしていて、騒音がひどかったというときには、比較対象となる授業でも同じようにひどい騒音のなかで行う必要があります。

実験状況の統制によって、考えつく限りのほかの可能性をしらみつぶしにしてわかるのは、ほかの原因がないのだとしたらという限定つきの意味で、「野村メソッドは統計が身につく方法だ」ということになります。といっても、そこでようやく実証的に結論できるのは、野村メソッドは一般的な統計の授業より効果的だということだけです。それが「野村メソッドは非常によい教授法だ」ということを意味するか、それとも「一般的な統計の授業よりはましだ」ということなのかは、また別の次元で考える必要はあります。

最後の解釈を差し引いたとしても、実験法は因果を推定しているのですから、その範囲では役立ちそうに見えます。確かに、歴史が証明するように実証研究はかなり有用な方法です。実証研究のパラダイムは、物理学ではうまくいっています。

ところが、こと心理学、つまり人間の科学になると、この実証研究のパラダイムも盤石とはいえなくなります。

それは現実の人間には個人差が大きいため、人間が引き起こす心理現象は、物理現象よりはるかに統制するのが難しいからです。人間には動機づけもあれば、感情もあります。そのため実際に複数の原因があって、単純に一つの原因だけでは説明できないという状況は頻繁に起こります。

この状況では、本当の原因は何かを決めることはできません。

というよりも、そういう考え方自体があまり意味を持たないといったほうがよいでしょう。

より正確にいうなら、原因と結果を素朴に結びつけるような捉え方をしていては、実験をしても適切な答えが得られるとは限らないということです。その理由は単純で、そもそも人間が現に複数の原因によって突き動かされているからです。伝統的な実証研究のパラダイムでは、人間が複雑である以上、こうした事態に直面するとお手上げ状態になってしまいます。

数理的アプローチに基づく落語研究へ向かう

ここで逆に心理学を擁護すると、心理学の味方か敵かわからなくなりますが、私の研究者としての実感をいうなら、そうはいっても、一つの原因を特定するだけでも容易なことではありません。

現場に出て研究をする分野では、何が本当の因果を持つのかという仮説を生成する段階で研究を完了することさえあるくらいです。まして、複数の原因があるなんて、どう取り扱えばいいかわかりません。結果として、実証主義の心理学は、そうしたことは知りながら、着実に知見を積み重ねるために、原因を一つであっても突き止めるのを目指して研究をしてきました。

そんな有様ですから、心理学では一つの要因だけで説明できる世界を想像してみて、その世界に住む人間はどんな振る舞いを示すのかを明らかにできるだろうかなどということは、伝統的には考えずにきています。

そんな仮想の世界について尋ねられた心理学者は、人間の複雑さを真摯に捉えているのなら、本音ではこういっているはずです。「無理だよ。だって、現実には複数の原因があるんだから」と。建前としては実証研究で因果関係を推定することが健全な研究だと主張するかもしれませんが。

さて、あなたと問題意識を共有できたところで、改めて問いましょう。

因果を推定することができないというのは、本当にそうなのでしょうか。人間が複雑だとして、また、複数の要因があったとして、そうした人間の行動についての知見を得ることは不可能なのでしょうか。

一見して不可能に見える複雑な人間行動についても、私は知見を得たいと願い続けました。

それを可能にする観点は、伝統的な心理学のアプローチとは別のところにあったのです。複雑な人間行動についての知見を得る可能性を信じて、私はまだ見ぬ理系の世界に飛び込むことに決めました。

そこには、複雑な現象の本質を抽出し、厳密に検証するための手法があるというのです。それを聞いて、私はさっそく工学系の大学院に入学し、本格的にプログラミングの発想とスキルを学びました。三〇歳もだいぶ過ぎて新たな分野を学び始めるというのは、これまで培ってきたスキルや能力をいったん無に帰してしまうような気がして、非常にチャレンジングでした。しかし振り返ってみれば、この決断は研究の幅を広げ、もっとおもしろい研究をするためには不可欠なことでした。

電脳演芸場という箱庭を作る

人間の複雑な行動についての知見を得るためのアイディアはこうです。

初めに確認したように、心理学における実証研究のパラダイムの頼りなさは、人間の内部の状態と具体的な行動とのあいだに、しくみの見えない因果の矢印を引くというところにありました。これは、ほかの可能性を排除できたという仮定が満たされて初めて担保される関係性です。ですから、様々な原因が作用するという現実があるとき、見えない因果の頼りなさを解消するには、やはり、しくみを見えるようにするしかなさそうです。

カンデル教授のいう、しくみという観点を取り入れたとき、一つの代替案として、こう考えてみたいと私は思いました。

一つの原因と一つの結果が対応するような一種の箱庭を作って、その世界を規定するルールを私が決めてはどうだろうか。つまり、しくみを明らかにするために、本当に一つの要因だけで説明できる世界を作ったらどうだろうか、ということです。

この箱庭のピュアな世界には、明示的に規定されたルールしかありません。それ以外の原因が入り込むことはありません。もし、原因が複数あったとしても、それで結構です。箱庭の世界に複数のしくみを組み込みましょう。しかし、それ以外の要素は持ち込みません。

こうした考えを実現する方法の一つが、コンピュータを用いたシミュレーションです。数値シミュレーションや数値実験という呼び方もあります。数理モデリングもほとんど同じ意味で使われています。

シミュレーションに関していえば、コンピュータを使ったもの以外に、実機を製作して動かしてみたり、実環境を模した状況で試しに行ってみる、アナログ・シミュレーションという手法もあります。ですから区別は必要ですが、本書では、コンピュータを用いたシミュレーションを指して、単にシミュレーションと呼ぶことにします。

さて先述の通り、私は落語の研究をしています。

しくみを明示的に決める箱庭の世界をコンピュータでシミュレーションするという手法を用いれば、これまでには不可能であったおもしろい研究が実現しそうです。

落語という演芸は、多くの客の前で口演されます。ですから、当然ながら噺家と客が相互に影響し合っています。噺家の表現に対して客が反応し、そして、その反応に基づいて噺家は次の演じ方を変えています。

もし、時々刻々と推移する影響の矢印を、時間の経過に沿ってつぶさに見ることができたとしたら、その矢印は複雑に入り組み合っているでしょう。つまり、単純にどちらが原因でどちらが結果だということはできなくなります。

これまでなら、心理学の分野で知見を積み重ねていく目標のために、実証研究のパラダイムを借りて研究をするほかありませんでした。しかし、相互作用のある演芸場のリアリティを大事にすれば、安易に実験に落とし込むことなどできません。

ところが、一つの原因と一つの結果が対応するような一種の箱庭を作って、その世界を規定するルールを決める方法なら、噺家と客の関係について時間を追ってみていくことができます。

まず、コンピュータ内に仮想の演芸場を作り、そこで噺家と客が互いにどのように影響を与えるかについてのルールを決めます。例えば、噺家が間を取ってそのあいだにする所作や表情が客の目を引きます。すると次の時点では、客は噺家からの共通の影響を入力として受けて、感情の状態が一斉に変化します。

これらのルールの下では、噺家の現時点の状態が噺家自身と客の状態を決めます。そしてまた、客がおもしろいと思えば笑顔になりそれが演者にも伝わり、順に噺家の状態を変えます。したがって、噺家と観客群のあいだには、双方向の因果の矢印を引くことができます。

重要な点は、箱庭の中の演芸場が仮想の世界であるからこそ、自分が定めた一つの因果の矢印がどのような結果を生むのかを検証できるということです。

つまり、ほかの影響が一切存在しないピュアな状態を作ることで、もし、演者と客の双方向の因果の矢印だけで記述されたなら、演芸場ではどんなことが起こるのかについて調べられるのです。

　ですからこれは、演芸場のコミュニケーションのシミュレーションによる研究です。口頭で説明するときには、シミュレーションという語を用いて説明したり、紹介したりしているのですが、私は、どちらかといえば数値実験という表現が好きです。

　この言い方では、ただ数値計算をしているのではなく、実験を行っているという側面が強調されるからです。数値を扱ってはいても、私の関心はやはり、噺家と観客を結びつける規則が、どのような作用を引き起こすのかにあります。電脳の箱庭に創り出された仮想の空間の中という限定付きではありますが、その空間における因果の矢印がどのように作用しているのかを調べようとしているのです。

　こうしたアイディアに基づく研究計画を提出し、めでたく二〇一八年度から三年間の予定で研究費を獲得することができました。この研究プロジェクトは、いままさに進行中です。

プログラミングがもたらす思考法

こうした数理モデルを使った研究のためには、プログラミングが必須です。手計算では時間がかかり過ぎるというのも現実的には重要な点ではありますが、それが本質的な理由ではありません。

そうではなく、観客が複数になり互いに影響を与えるという事実が、シミュレーションが必要になる理由です。というのも、客同士の相互作用があると、客の集団での振る舞いは個々の客の行動の単純な足し合わせではなくなります。

一般にこうした単純な足し合わせにならない非線形（nonlinear）の関係では、集団がどのような振る舞いをするのかはあらかじめ予測できません。したがって、実際に計算することで振る舞いを確かめる必要があります。つまり、数値的に実験してみる必要があるのです。

プログラミングでは、実行する処理の流れをきちんと考える必要があります。

コンピュータは、あれこれ同時にすることはできませんから、何をどの順序で行うかを考えて、きちんと処理が流れるようにしくまなくてはなりません。そうしないとプログラムを作った者が気づかないうちに、不整合が起こってしまいます。

不整合という事態を避けるには、順序立てて物事を考えるのが何より大事なのです。

例えば、噺家から客への影響関係を表す数式を、使うたびに泥縄式に書き下ろすよりも、あらかじめ用意しておいて、必要なときに取り出すようにしたほうが便利です。

また、箱庭の演芸場の客は、互いに年齢や性別といった特徴を表すパラメータが違うので、客1の年齢、客1の性別というように一人ずつ値を割り振ってしまうと、記録するための変数がたくさん列挙されて、非常に乱雑なものになります。それよりは、初めに客に共通するデータ構造を用意して、年齢や性別がわかったところで、以前の値や初期値を具体的な数値に書き換える、つまり、代入するようにしたほうがはるかに便利です。

用意したフォーマットを使い回すという手順の整理によって、処理が簡潔になり、初めに「こんなことができたらいいな」と考えていた物事の順序についての見通しがよくなります。

正確に、できれば高速な処理ができるように試行錯誤をするうちに、私は自分のなかに新たな自分がいたことに気づきました。
それはしくみを意識して、順序や手順を構成する者としての私です。
いわば「しくむ私」です。

「しくむ私」の視点が世界を広げる

噺家や客の振る舞いを電脳空間に再現するために、必要な機構をよく考え、必要な構成要素を並べます。そこでは、構成要素同士のつながり方がとても重要になります。なぜなら、同じ部品でも、配置が違うと、働きが全く違ったものになるからです。

こうした気づきを繰り返すなかで、この状況を動かすにはどのようなしくみが必要なのかを意識するようになりました。自分がどんな働きができるのか、何に作用を及ぼしているのかという観点を持つようになったということです。

「しくむ私」という観点は、初めはコンピュータという道具を使うときに芽生えてきたものです。けれども、状況を動かすしくみというふうに捉えると、「しくむ私」はもっといろんなところに顔を出していることに気づきます。

「しくむ私」の観点は、汎用性があり、範囲とする状況を少しだけ広くすれば、このほかにも自分自身の精神的、身体的リソース（資源）にも適用できます。この見方は、自分を少し他人行儀に捉えて、自分がどういう振る舞いをすれば処理の手間が減るのかを考えるという姿勢を生みます。

また、人間は一人で生きるわけではありません。どのような振る舞いなら、状況を動かせるのか、という見方を敷衍《ふえん》すれば、ある社会文化のなかの自分の位置づけをしくむということさえも射程に入ってくるのではないかと思えてきました。

例えば、上司や部下との関係のなかで、私のどの振る舞いが仕事の処理の負荷を軽減するのかを工夫してみるということです。そう考えると、これまでとは少し違った見方で職場を見られるという見込みが生まれます。これはずばり言い換えれば、私とそれを取り巻く環境との関係のなかで、「しくむ私」を発揮してみたらどうなるかを考えてみるということです。

「しくむ私」の見方とは、要は、自分が生きるその場所に、私という存在を原因と結果の矢印をつなぐ実体として置いてみようという発想です。

順序や手順を構成する者としての私が、因果の矢印をつなぐ実体として私の存在を位置づけたとき、プログラミング思考は、私と私と取り巻く環境をデザインするという発想をもたらします。

このアイディアを本書では提供します。

もちろん、人間は物理現象よりも複雑で、それゆえ箱庭の中のようにピュアな原理では動いてはいません。ですから、そのしくみがどれくらい影響するかは、状況次第です。それでも、「しくむ私」の観点は、あなたにとって新しい視点になるはずです。

そう信じるのは、「しくむ私」は事実として、自分や自分を取り巻く環境の原因の一つであることは間違いないからです。ほかにも因果があり、複雑に絡み合っていたとしても、自分と環境の関係をコーディネートするという観点があれば、客観的に見て原因を特定できないという素朴な立場に比べて、何倍も実効性がある手順のアイディアが生まれてきます。

時間がかかる仕事で精神的にも身体的にもリソースがもう残っていないと憂える方も、上司や部下との関係性に取り巻かれて身動きが取れないと嘆く方も、まずは本書を読んでみてください。

原因と結果の矢印をつなぐ実体はあなたです。本書の主張は、「しくむ私」に気づくことで、あなたのちょっとした工夫が仕事や対人関係の見通しをよくすると信じられるということです。

本書では、こうしたプログラミング思考について論じていきます。ですが、ここでは、プログラマが行っていることを示すのが目的ではありません。そうではなく、その背景にある発想法について論じます。ですから、もし、プログラムを書くための技術に関してより深く理解したいという方は本書を読んだ後で、別の本でプログラミング言語の扱い方について学習してください。

第一章では、プログラミング思考の基本的な考え方を説明します。通常の「プログラミング的思考」に対して、これをどのように拡張すれば、プログラミング思考になるのかを、作業や仕事の手順の構築という観点で論じます。

第二章では、プログラミング思考の応用編として、「決め方を決めておく」という方法を紹介します。「こんなことができたらいいいな」を実現しうる手段は何通りもあり得るので、何の指針もなく思うままに試すのは非効率です。ここでは概《おおむ》ねあらゆる場面に適用できる答えの求め方をあらかじめ定める、つまり、「決め方を決めておく」ことで、答え自体がわからないときでも余裕をもって解決に臨めるようにします。

第三章では自分のことを、「こんなことができたらいいな」を実現するためのリソースとして扱うという、ちょっと新しい視点を提供します。そのために一種の発想の転換のテクニックを使います。それは「自分自身も道具と見なす」というものですが、これは人にもともと備わった想像力を活用するものなので、特殊な力は不要です。

第四章では、プログラミング思考の適用範囲をさらに広げてみる試みをします。第三章で自分をリソースとして捉えるといったとき、それはあくまで個人を扱ったものでした。しかし仕事は社会・文化的な営みです。そこで、コミュニティが個人の能力を高める仕組みを備えた社会的な学びに、学び手自ら飛び込んでいくという、ちょっとスリリングな知的体験の可能性を述べて本書のまとめとします。

第一章　プログラミング思考の射程

情報過剰時代の思考法

私たちを取り巻く情報環境はこの一〇年で大きく変わりました。

巷間《こうかん》にビッグデータという言葉を、よく耳にするようになり、すでになじみ深いものになりました。日常に出合うあらゆるものがインターネットに接続されるＩｏＴ社会は、日々数億、数十億もの情報を生み出します。

情報は膨らみ続け、もはやとても手作業でこなせる量ではありません。ですから、情報の処理にはコンピュータの力を駆使しなければ立ち行きません。

現代のような情報過剰社会では、膨大な量の情報のなかから効率的に意味のある情報を見つけ、ビジネス上の価値に結びつける専門職への要請が高まってきています。

そうした専門職として、データサイエンティストと呼ばれる職業も現れました。データサイエンティストとは、数理統計学の知識とプログラミングのスキルを駆使して、主にビジネスでの問題解決を行う者を指します。

データサイエンティストは、こうした過剰供給ともいえる雑駁《ざつぱく》な情報を整理し、有用な情報を抽出するのを専門にしています。巨大に渦巻く情報のうねりのなかから、注意深く抽出された貴重なデータは、それ自体が価値を生みます。

このことにいち早く気づき、ビジネスの分野で実践してきた先駆者たちこそがデータサイエンティストです。

世界のビジネス研究の動向をまとめる『ハーバード・ビジネス・レビュー』は、データサイエンティストを、「二一世紀で最もセクシーな職業」と形容しました。これが二〇一二年のことです。

この勢いはいまも止まることを知らず、二〇一八年に米国の調査でデータサイエンティストは、待遇と幸福度の両面を満たす憧れの職業としてランキング上位に上がっています。

こうした流れを受けて、日本の教育も大きな転換点を迎えようとしています。

データサイエンスを標榜《ひょうぼう》した学部・学科は、滋賀大学で設置されたのを皮切りに、横浜市立大学、武蔵野大学、大阪府立大学などで設置されています。

また、東京理科大学では、理学・工学・薬学・生命医科学・経営学といった多彩な専門領域の研究とデータサイエンスとの融合を目指すとともに、データサイエンスの専門的な教育の強化を狙って、二〇一九年四月にデータサイエンスセンターを設置しました。

さらに、こうした個別の学部だけではなく、データサイエンス教育への取り組みは、大学個別に行われているだけではなく、大学業界全体に影響を及ぼしつつあります。

文部科学省は、二〇一九年二月一日にデータサイエンス教育などを全学部で必修にすることを検討すると発表しました。これがどれくらい実行されるのかは未知数ですが、何か大きな変化の兆しを感じさせます。

教育において最も大きな影響をもたらすと予想されているのが、日本の小学校において、プログラミング教育の必修化です。二〇二〇年度に始まる新学習指導要領では、小学生が必修科目の授業としてプログラミングに取り組むと定められています。

私たちが子どものころには考えもしなかった時代を、いままさに迎えようとしています。

情報過剰時代にどんな社会的な要請があり、小学生までプログラミングをするのが是とされるようになったのでしょうか。

「プログラミング的思考」の限界

プログラミング、という言葉を聞くと、プログラム言語であるC言語やPythonといったものがまず思い起こされます。確かに、通常プログラミングといえば、何か特定の言語でプログラムを作ることです。

でも、ここでのプログラミング思考は、別の意味です。

プログラミング思考とは、「こんなことができたらいいな」と思うことを実現するために、どんな手順が必要かを理論的に考え、実行していく力です。「できたらいいな」という思いは、一回できてしまえばきれいに解消するというものではないので、無駄な手順を削ったり、より効率的な手順を探して置き換えたりして、改良していく能力もこれに含まれます。

簡潔に言い換えれば、私たちが直面する現実の問題を、道具を使ってより効率的に解決していくための思考力、と要約できます。

「そんな変なプログラミング思考の定義は聞いたことがないぞ」と疑う方もいらっしゃるかもしれません。でも、これはいまプログラミング教育の分野では、概ね共有された捉え方なのです。

実際、文部科学省が小学校でのプログラミング教育について検討した有識者会議では、「プログラミング的思考」について、次のように述べられています。

自分が意図する一連の活動を実現するために、どのような動きの組合せが必要であり、一つ一つの動きに対応した記号を、どのように組み合わせたらいいのか、記号の組合せをどのように改善していけば、より意図した活動に近づくのか、といったことを論理的に考えていく力が必要になる。（二〇一六年六月「小学校段階における論理的思考力や創造性、問題解決能力等の育成とプログラミング教育に関する有識者会議」より引用）

記号というのは、世の中にある物事を指し示すために使われる文字のことです。簡単にいえば、＋や×の演算記号や数字だと思ってください。要するに、自分の意図をどのようにすれば実現できるのかを考え、そして、改善していくということです。

ここでの「プログラミング的思考」は、コンピュテーショナル・シンキング（computational thinking）という概念として現れ、二〇〇〇年ごろから教育現場を始め様々なところで議論されてきました。最近では、シスコシステムズ、インテル、マイクロソフトの三社が先導する形で二〇〇九年に始まったATC21s（21世紀型スキル）という産官学のプロジェクトでもその中核に据えられています。「プログラミング的思考」の歴史を追うと、そこに行きつくまでにちょっとした論争があっておもしろいのですが、ここでの主題ではありませんので、これ以上立ち入りません。

いずれにしても、プログラミングは論理的思考を育む手段として捉えられてきた経緯があり、日本では創造性育成のためにも有益だという解釈も加わって、現在このカッコつきの「プログラミング的思考」となりました。先にも述べましたが、この流れを受けて、日本では二〇二〇年度から施行される次の学習指導要領に明記され、小学校ではプログラミング教育の必修化が正式に決定しています。

先ほど定義で示したように、小学校でのプログラミング教育で扱う一連の活動（「できたらいいな」と思うこと）を実現するとき、一連の手順は記号の組み合わせによってできているということを前提にしています。

こうした能力が身につくことによって、文脈に依存することなく、様々な場面で問題解決ができるようになるという期待が、この教育課程には込められています。

ですから、プログラミング教育が目指しているのは、具体的な操作や対処法といったスキルではなく、その根底にある思考法のほうです。

そのような目標を掲げてはいるものの、文部科学省が想定する現実の教育現場では、結局のところプログラミング言語を使います。プログラミング言語としては、それは視覚的にわかりやすく、ブロックとか矢印といった具体的なモノを操作することで組み立てる、いわゆるビジュアル・プログラム言語と呼ばれるものを用います。これらは、小学生用にとっつきやすくしたとはいえ、プログラミング言語の一つです。

このような学習環境において、文部科学省が定義する「プログラミング的思考」も、算数や国語などの科目で学ぶことがそうであるように、子どもたちが将来直面する問題を自分の力や周りの人の協力を得て解決する際に役立つ・ためになる教科として設定されています。

使うのは個々のビジュアル・プログラミング言語ではありますが、その習得自体が目的ではありません。繰り返しになりますが、ここで期待されているのは、道具を使った問題解決を通して知識を獲得することに加えて、思考の方法を身につけたり、「自分は問題を解くことができる」という効力期待（自己効力感）を得ることです。

もし、教育学者や文部科学省の官僚の狙いが本当に実現したとしたら、新しい時代の幕開けになることは間違いありません。

しかし私は、文部科学省が掲げる「プログラミング的思考」は、万能の妙薬にはならないと予想しています。

もちろん、私も小学校で行われる「プログラミング的思考」を培う授業によって、子どもたちに論理性や問題解決能力が身についていくことは期待しています。しかしながら、学んだことは学んだ文脈を超えて容易には適用できないこと——学習の転移問題——は、教育心理学が長年にわたって再確認し続けている事実です。

要するに、ビジュアル・プログラミング言語を使って学んだ「プログラミング的思考」はあくまで同じ状況下でのみに効果を発揮して、用いる道具が変わったり、文脈が変わってしまうと、ほとんど活かされずに終わると予想できるのです。学習の転移問題は、記号の操作によって身につけた問題解決能力が発揮されるのは、子どもたちがそうした試行を学んだときの状況と同じく、記号の操作の場面に限定されてしまう可能性が高いということを示唆しています。

プログラム言語を用いるということが共通していれば転移も生じやすいという反論もあろうかと思います。

確かに、プログラミング言語を用いた教育は、将来、職業としてプログラマになるなら直接的に必要になるものです。しかし、現在掲げられている教育目標を読んでいると、抽象化された記号を操作する訓練程度の意味に捉えられかねず、「プログラミング的思考」では、適用できる範囲がごく狭いところに止まってしまいそうな気がしてならないのです。

生活に根ざしたプログラミング思考

小学校で算数や音楽を学んでも、子どもたちは将来必ずしも数学者や音楽家になるわけではありません。数に親しみ、音に遊ぶその体験をする、そのために、子どもたちは小学校で学んでいるはずです。

同様に、本来の意味でのプログラミング思考は、将来、プログラマにならない子どもたちにもためになる、そういうものであるべきです。プログラミングの発想法が活《い》かされる未来として私が思い描くのは、もっと好奇心に溢れ、かつ、理知的な世界です。

現在でも電子機器を生まれたころから活用している者は、現在デジタル・ネイティブと呼ばれています。プログラミングが当たり前の世界には、活用する側のネイティブに続いて、その次の世代が登場することになるでしょう。

プログラミングが限られたオタク趣味と思われていた時代はすぐに過去となり、プログラミング思考を用いてものづくりを行う生粋のプログラマが大衆化して、教養の一つにまで昇華していくと予想されます。

昭和の中ごろ、うきうきしながらラジオを分解していた少年・少女たちは、のちに日本を支える技術者になっていきました。同じ構図で、街場の無邪気なプログラマたちは、電子的教養を身につけ、市井のヒーロー・ヒロインたちへと変貌を遂げるのでしょう。これは何も、プログラミングを専門とする職業に限られた話ではありません。そうではない人も、プログラミングの発想を活かして生活するようになります。日常にあるルーティンワークは、繰り返しを何ら厭《いと》わないコンピュータにすっかり任せてしまい、余剰の時間で人間にしかできない創造的な仕事に取り組むのです。

こうした日常が、プログラミング思考を持った子どもたちが経験する未来だと私は信じています。

とはいえ、本書を手に取った方はおそらく小学校はすでに卒業していることでしょう。プログラミングの授業を受けることはないあなたも、新たな思考法を学ぶ体験をしてみたくはありませんか？

プログラミング思考の適用範囲はごく身近にあります。私たちは、現実の社会に生きていますから、「こんなことができたらいいな」と思う内容は、もっと日常にありふれたことなのです。それを実現するための手順も、抽象化された記号の組み合わせに限定する必要はありません。

例えば、こんな解決策として現れます。いつもやっている作業なのだけどどうも時間がかかってしまうのをなんとかできないかな、とか、これが先に終わってしまえば後が楽なんだけど、といったことです。

本書では、そういうちょっとした苦労や滞りを、組み合わせや順序を工夫するプログラミング思考で効率化する方法をお届けしたいと思っています。

誤解のないようにいえば、もちろんながらプログラミング言語も社会のなかで役立っています。複雑な数値計算は、天気予報にはなくてはならないものですし、交通渋滞を避けたり、便利な乗り継ぎのルートを示してくれたりするのにも、プログラミング言語が活躍しています。

それはそうなのですが、プログラミング思考は、会社での仕事や学校での勉強などの日常生活の場面でも活かせます。このことをみすみす逃すのは惜しいと思います。「こんなことができたらいいな」を実現するための工夫を、抽象化された記号に限定するのはもったいないのです。

本書で私たちが身につけたいプログラミング思考とは、もっと広く「こんなことができたらいいな」と思うことを実現するために、道具や身の回りの環境、さらに場合によっては自分自身も一つの操作対象として扱い、どんな手順が必要かを理論的に考え、実行していくことなのだと、私は主張します。

この思考を本書では、文部科学省の定義するカッコつきの「プログラミング的思考」とは区別して、単にプログラミング思考と呼ぶことにしましょう。

本書では、プログラミング思考の実践者が地で行っている発想法の勘所について、私たちが生きている現実の生活のなかで発揮していけるような視座を提供します。

学習内容を他の状況に適用することが容易ではないという転移の難しさを前提にして考えると、私たちは日常生活のなかでどんなふうにプログラミングの考え方を活かせるかを、初めから学んでおくことが肝要です。

その一助になるよう、本書ではあなたができるだけ日常的な体験と重ね合わせることができるような例を挙げ、日常への適用の仕方を意識した記述に心がけました。それは、こうした具体的な文脈のなかにも、プログラミングの発想法は使えるのだと知ってもらいたいという思いがあるからです。

プログラミング思考の効用

プログラミング思考の最も顕著な効用は、仕事の効率化ができるということです。とりわけ、仕事のなかでいつも決まったやり方で行われるルーティンワークを、十分な質を保ちながら、最小限の労力で実現できます。

また、この副産物として、プログラミング思考に慣れることで、物事を整理する態度が身につきます。なぜなら、プログラミング思考の過程では、実現のための方法を考えざるをえないからです。

プログラミング思考を発揮するためには、仕事のどの側面なら決まったやり方でやってもいいのかを自問自答して仕事の内容を整理したり、同僚や上司と調整したりすることが求められます。結果として、ちょっとした工夫を学ぶ機会が増えます。そうやって一度効率が上がると知ってしまえば、仕事を整理することのうまみに気づいて、それならあらかじめ整理しておこうという態度が芽生えるのです。

そして、これは最もありがたいことですが、多少なりともプログラミング思考を身につけると、日々の業務に時間的にも精神的にも、以前に比べ余裕が生まれます。これは、改めていうまでもなく、新しいアイディアを考えたり、新しい方法にチャレンジしたりするのには欠かせないものです。日々の業務が何かと気忙《きぜわ》しくなかなか時間が見つからないという方には特に、プログラミング思考を身につけるのをお勧めします。

といっても、プログラミング思考も万能薬ではありません。仕事をしていれば、個別に対応しなければならないことが必ず生じます。突発的な事態に対応することや、何かミスをしてしまって謝ることなどがそうです。ですから重要なのは、プログラミング思考で何とでもできるということではなく、プログラミング思考を活用すれば、仕事のどの部分で効率化を図れるかを見極められるということになります。

コンピュータを使うだけがプログラミング思考を発揮する場面ではありません。生活で日々やっていることを見渡してみると、あちこちにプログラミング思考が発揮される場面を見つけられます。この意味では、プログラミング思考は、何ら特別なものではありません。

言い換えれば、プログラミング思考を身につけられれば、様々な面で効率化を図れます。効率化というと、単純に素早い処理だけを考えてしまいがちですが、それだけではありません。例えば、学校でなら、問題を解くときに間違いやすい方法を避けるやり方とか、記憶を定着する工夫をプログラミング思考を活用すれば生み出せます。

また、もっと日常的な場面でも、使い勝手がよい収納ができたり、ロスが生じにくい冷蔵庫の使い方ができるようになります。

一見すれば無関係なこれらのことにも、プログラミング思考が広く適用できるのは、これらすべての問題が、手順を工夫できるという点において共通しているからです。

プログラミング思考の直観的理解

プログラミング思考は、「こんなことができたらいいな」ということを実現するための考え方の総称です。そこでまず、プログラミング思考の核である実行内容について検討しましょう。実行内容とは、プログラム全体としてどんな処理が行われるのかという意味で、具体的には行動の連鎖として表現されます。実行内容を理解するために、日常的な例として料理を取り上げます。

料理の話になるの？　といぶかしがられる方もいるかもしれません。けれど、料理の出来栄えには、手順の工夫が深く関わっています。経験的にもそうですが、おいしい料理を作るためには、段取りが八割くらいともいわれます。実はこの特性が、プログラミングとの共通を示しています。

何気なくしている料理も、プログラミング思考流の表現で見た場合、少し違った様子に見えてきます。現時点では、プログラミング思考を直観的に理解するために、詳細を追うというよりも全体像を把握することを目指します。

どんな料理でも、原材料が必要で、完成までにはそれらを調理して盛り付けるという一連の手順があります。こうした手順のなかに組み合わせや順序を工夫する余地があります。ですから、料理はプログラミング思考を適用できる作業の一つであることがわかります。

プログラミング思考とは、先ほど定義したように、「こんなことができたらいいな」と思うことを実現するために、どんな手順が必要かを理論的に考え、実行していく力でした。この文脈では、こんな料理を作りたいな、と思ったときに、それをどうすれば実現できるかを考える力のことです。

簡単な例として、「なめろう」を作る場合を考えてみます。

酒のあてになるこの料理の材料は、主にアジやサバなどの生の青魚、ショウガや大葉、ネギといった薬味、それに、味付けのための味噌《みそ》です。味付けの好みはあるとしても、共通する材料は以上です。すべての材料を包丁で何度も叩《たた》いて、味が均等にいきわたれば、小皿に盛り付けて完成です。

青魚は、釣ってきてもいいですし、切り身をスーパーで買ってきてもよいです。この入手の仕方は、今回は関係ありません。あくまで材料の魚を使ってなめろうを作る状況を考えています。

まず、どんな手順が必要だと思いますか。

ちょっと手を止めて、考えてみてください。

できれば、一つの付箋に一つの手順を書き、妥当だと思う順番に並べてみてください。付箋を使うのは、一枚の紙に書き込んでしまうのに比べて、後で順序を入れ替えるのが容易だからです。

さて、どんな手順の流れができたでしょうか。

このような手順を線でつないだものをフローチャート（流れ図）と呼びます。フローチャートは、自分自身がどんな手順を考えたのかを知るときだけではなく、ほかの人に伝えるときにも使える便利なものです。具体的な使い方は、第四章で述べます。

では、なめろうの作り方の話に戻ります。

あなたは、どんな手順が必要だと考えましたか？

私の見解では、この質問への一番妥当な回答は、真っ先にまな板を出して洗う、というものです。それは、この料理のほとんどの手順は、まな板の上でなされるからです。まず、その準備をします。

次に、包丁を出して洗います。目には見えなくても、以前使ったときの残りかすや雑菌がついていたら、それが今度の料理にも厄介な影響を与えますよね。最悪の場合、せっかく料理を作っても、食中毒を起こしてしまいます。そうなると、「なめろうを作る」というこの場の目標は達成できても、それをおいしく食べて幸せな気持ちを味わってもらうという、本来の目的を損なってしまいます。

包丁を洗ったら、まな板の上に、置きましょう。包丁を持ったまま別の作業をして、けがをしては大変です。予期しないことが起こってしまうリスクを回避するのです。危険を伴う過程は、やりっぱなしではなく必ずいったん終了させておく必要があります。

まな板をすでに準備しているので、その上に洗い終わった包丁を置くことができました。当たり前のように思うかもしれませんが、これができるのは、先にまな板を洗ったからです。もし、この順番が逆だったらどうでしょう。

当然、包丁を洗っても、置くところがなく、仕方なくシンクかその辺の台の上にでも置くことになりませんか？　そうすると、まな板を出して洗ってから、また包丁を洗わなくてはいけません。二度手間です。手順さえ工夫すれば全く必要のないものです。これが省いたほうがいい無駄の例です。

こういった無駄が出ないようにあらかじめ理論的に考えるのがプログラミング思考の本質です。

プログラミング言語を使って書くプログラミングでも、なめろうを作るときにしたのと同じく、処理の前に準備の手順が必要です。例えば、まな板に相当するものとして、作業内容を一時的に保持しておくのに必要な配列を定義して、この配列を初期化する（初期値をゼロにしておく）という手順があります。また、包丁に相当するものとして、例えば文字列を分割する関数を定義して、これも初期化するという手順があります。さらに、この関数が処理するファイルを開きっぱなしにしていると、予期しないところで書き込まれたりして危険なので、使わないときにはファイルをいったん閉じる必要があります。

ところで、ここまで話を追ってきてみて、なめろうは、あんまり関係ないじゃないかと思いませんでしたか。

その通りです。いま説明した一連の作業は、なめろうに限らず、どの料理でもすることだからです。決まりきったことなら、いちいち判断する必要はありません。いつもまな板を洗ってから、包丁を洗えばいいのです。

この気づきはとても重要です。実は、プログラミング思考で効率化が図れるのは、個別の事項よりも、様々な仕事に共通している事項のほうです。より正確にいえば、一度妥当なやり方を決めてしまえば、いろんなところに応用できるので、全体として効率性が高まるのです。

いま見たように、料理と、文字列を分割するプログラムとのあいだには、本質的な共通点がありました。これは当然のことです。「こんなことができたらいいな」と思うことを実現するために、手順や組み合わせを考え、工夫するからです。対象や使う道具が違うからといって、そこに本質的な差はありません。

もちろん、「こんなことができたらいいな」は、料理だけに当てはまる話ではありません。職場での業務にも当てはまります。仕事が決まった流れで進む職場なら、かなりの部分をプログラミング思考によって効率化できると期待できます。

プログラムの世界を支配する三つの規則

料理の例を読んで、なんだか面倒だなと感じたかもしれません。

まな板を出して洗って、包丁を出して洗って、なんて、普段いちいち考えません。そこは、これといって考えなくてもできるし、実際現状で満足しているのだから、それでいいじゃないかという気持ちになりますよね。

そう感じるのももっともです。プログラミング思考がなぜ効率化を生むのかをまだ説明していないからです。その意義を納得するためには、先に進みたい気持ちを少し抑えて、まずコンピュータを動かすプログラミング言語にはどんな特徴があるのかを知る必要があります。

私たちの身の回りにある、どんなに複雑そうに見えるプログラムも、実はたった三つの規則に従って動いています。パソコンもそうです。スマホも、テレビもそうです。そんなまさかと読者は驚くかもしれませんが、事実そうなのです。いかにも複雑そうで、裏でいったいどんなしくみで動いているのか想像さえできないものが、わずか三つの規則の組み合わせでできています。

その三つとは、「順次」「分岐」「反復」です。

「順次」というのは、プログラム言語において、物事が上から下へ順番に進んでいくという規則です。明示的に割り込みするという場合を除いて、上から順番に書いてあることが実行されます。これこそ「当たり前」のように思われるかもしれませんが、物事の手順を決定づける重要な規則です。

「分岐」はわかりやすいですね。この後どちらに進むか、条件によってその道が分かれるということです。様々な場合を条件で切り分けているので、場合分けということもあります。プログラミング言語では、条件が一意に定まらないと、判断できなくなってそこで動きを止めます。ここで、ひとりでに振る舞いを決めてしまわないことが、プログラムの正確な動作を保証します。

「反復」も書いてある通りです。繰り返しです。ただし、全く同じ操作の繰り返しです。

このように、「順次」「分岐」「反復」の一つひとつはごく単純な規則ですが、その組み合わせでありとあらゆるプログラムができあがっているのです。

ですから、熟練したプログラマは、「順次」「分岐」「反復」という三つの規則をどう組み合わせれば、複雑な挙動を正確かつ迅速に動作する形で実現できるかを判断し、プログラムを書いていきます。規則を愚直に守る機械は、きちんと考えられ整理された命令を実行するときにだけ有能な演算装置になります。

「反復敏感性」を鍛える

プログラミング思考による効率化のカギは、まずは反復にあります。何度も行うことなら、一秒でも短縮できれば、それが積み重なって長い時間の節約になります。ですから、反復敏感性を鍛えれば、誰でもプログラミング思考を始めることができます。

反復敏感性とは、私が勝手に命名したものですが、日々の業務のなかに潜む繰り返しの作業に反復を見つける感性のことです。反復を「あ、ここにもあった」と、一つ見つけるたびに、それを短縮することを習慣にしていけば、それだけで一日の「可処分な」時間が増えていきます。

誰にでもできることを紹介するというつもりで、私が普段からよく使っている小技をいくつか紹介します。

私の仕事は研究ですから、その大半を占めるのは、パソコンを使ったデスクワークです。文章を書いているときには、ショートカットキーをよく使います。複数のキーを同時に、または、順番に押すことで「文書を保存する」などの特定の機能を呼び出します。例えば、ウィンドウズなら、「保存」はコントロールキー（Ctrl）を押しながら「s」を押します。何も順番に押さなくても、二つのキーを同時に押せば「保存」にはなるのですが、sから先に押してしまうと、画面には「sssssssss」と表示されてしまうので、コントロールキーを先に押します。

このほかにも、Ctrl+c で語句をコピーする、Ctrl+x なら語句をカットする、そして、Ctrl+v ではコピーやカットした語句の貼り付けができます。

これらは、文章の全選択 Ctrl+a を組み合わせて使うと、さらに効果的です。Ctrl+a の後に、Ctrl+c で文章をすべてコピーして、Ctrl+v とすれば一括貼り付けができます。

ほかに使用頻度が高いものとしては、Ctrl+f は文書内で一致する語句を検索する、Ctrl+h は語句を置換する動作をします。例えば、句点の種類に「.」と「。」が混在している場合に、一括置換して統一できます。また、ちょっとマニアックなショートカットキーとして、Ctrl+F10（ファンクション10キー）を、手書き入力を呼び出すために使っています。読み仮名で変換できない漢字を入力するときに便利です。

ショートカットキーは、最初に調べたり、いくつか覚えたりするのに少し労力が要りますが、それに十分見合う効果を発揮します。プログラマは、新しいプログラミング言語やエディタ（プログラムの編集をするためのソフトウェア）を使い始めで、まだ覚えていないときにはショートカットキーの一覧をよく参照します。これをチートシートと呼びます。チートとは、和製英語でいえば、カンニングです。効率化を図るためにプロフェッショナルも使うことですから、積極的に真似しましょう。

あるウェブ動画では、まだ見果てぬエクセルの一番下のセルが見たいというので、キーボードの「↓」をひたすら押し続けて、話題になりました。一番下に到達するのに九時間以上かかっていました。

もちろん、これにもショートカットキーが設定されていて、Ctrlと「↓」を押せば、一瞬です。一番下の104万8576行に到達するまでの時間は、体感では〇・一秒程度でしょうか。この操作を覚えれば、そのたびに九時間得したことになります。

さすがにそこまでいってしまうのは嘘《うそ》になりますが、私がこれを知ったとき、あまりの便利さに驚いて声を上げました。心理学では、「〇・五秒ごとに得られた生体信号の時系列」など、大量のデータを扱うことが多いので、大学院生のころからずっと大変重宝しています。なお、データを別で利用するために選択したいときには、同じ要領で、Ctrl+Shiftに「↓」とか、「→」「←」とすれば、データがある最後の行や列まで自動的に移動して選択した状態にできます。

一度覚えれば、ショートカットキーの操作はキーボードを使った自動的な動作としてできます。この道具を使うと、（1）マウスに持ち替える、（2）視線を移動させる、（3）機能をメニューから選択する、という一連の行動を、片手でできる一回の行動に置き換えることができます。これは単に時間の節約という意味だけではなく、思考の流れを止めずに目的の働きをさせられるという大きなメリットもあります。

ほかにも、反復が多い作業に対する、時間を短縮できる小技があります。例えば、プログラミングをするときには、タブキー（Tab）をよく使います。最初の三文字ほどを入力した状態でタブキーを押すと、それに続く語が候補として表示されます。ですから、そのなかから選べば、つづりを間違うこともなく、正確に打ち込めます。タブキーは、ほぼすべてのエディタで使うことができます。

タブキーを使えば、単語のすべての文字を打ち込むのに比べて、かなり少ない回数の打鍵で済ませることができます。思い当たる単語を書いているときに、もう次のことを考えていても、邪魔されることなく変換できるのです。音読をするときに、読んでいる箇所より先の文章に視線を移動させて、心のなかではもう次の文章を読んでいるのと似た感覚です。

ショートカットキーにもタブキーにも、実は「反復」の要素が隠されているのに気づいたでしょうか。これらの要素は、どんな文章を書いていたとしても必ず現れるものです。文章を書くときには、何度も「保存」したり、同じ単語を使ったりします。なので、一つの時間を短縮することが全体として効率を高めていきます。

一つひとつの時間を短縮できないかと試みる反復敏感性は、ちょっと気をつければ磨かれていくものです。まずは手始めにやってみてください。

条件を使って賢い仕分け人になる

研究者は、まだ知らないことについて調べる機会がよくあります。その主な情報源は論文です。普段、私は論文検索にGoogle Scholarをよく使っています。

検索では、日常にも仕事にも使える条件分岐のテクニックがあります（Google検索でも同じ方法が使えます）。

一つ目は、フレーズ検索です。いくつかの単語を引用符（" "）で囲んで検索する方法です。例えば、nature human behaviourと入力すると、それぞれに当てはまるページが八〇万件以上ヒットします。これに対して、"nature human behaviour"と引用符で囲むと、この並びのものだけを選び出し、三〇〇件以内に絞り込むことができます。この方法は、フレーズが題名になっている映画や本を調べたい場合などに役に立つでしょう。

二つ目は、not検索です。通常、複数のキーワードを使った検索では、キーワードのどれか一つでも含まれる（or 検索）という手法が使われています。でも、これではヒット件数が多すぎたり、別の文脈の関係ないものまでヒットしてしまいます。単語の前にマイナスをつけて検索することでこれを防げます。例えば、先ほどの"nature human behaviour"も、心理学の研究のあいだに埋もれていた生物学的な研究を見つけたいといった場合があります。例として、心理学を除きたい場合には、マイナス（-）を頭につけて、-psychologyとします。こうすれば、さらに絞られて一二〇件ほどがヒットします。

この二つは、候補の数が多すぎる際に、条件をうまく設定することで対象を絞り込むというものです。いまの世の中には膨大な情報があり、すべての内容を確認することはできません。ですから、適切に条件設定をして、人の目で確認しなければならないものを限定していくことは、確実に効率的な仕事につながります。

「順次」「分岐」「反復」を組み合わせて自動化する

プログラミング思考を広く捉えるからといって、コンピュータ・プログラミングを手段として排除する必要はありません。効率化のために使えるものは分け隔てなく使います。

エクセルには、ＶＢＡ（Visual Basic for Applications）といわれる言語で動作するマクロ機能が備わっています。

普段、メニューから選んで行っている操作やいちいちセルに書き込んでいる関数（計算式）を何度も繰り返し適用するためのものです。決まったフォーマットで何百、何千という書類を処理しなくてはいけないときに便利です。

私が大学で働き始めたころ、プログラミングの力が一番に発揮されたのは、教職科目の講義での出席確認でした。学生数が多い私立の大学なら、出欠管理はだいたいどこでも電子化されているのでしょうが、私の勤めた大学では、あいにくそうではありませんでした。教職科目は、平日は毎日一限に開講されていて、しかも数百人が受講しています。学生の名前を出席簿と照合する作業は、単純な割に時間がかかります。

ただでさえ手間なのですが、すでに出席にした学生の名前が再び出席票に出てくると、悪夢のようです。すでにチェックした出席票もすべて初めから再度確認しなければいけません。人の手を介するので、気づかぬうちに間違いを犯しているかもしれないからです。

心では泣きながら、顔は無表情になって、数百枚の出席票をひたすらチェックするのです。それに頭を悩ました私の先々代の助教が、出席確認にマークシートを導入しました。出席確認の仕事は、マークシートが威力を発揮して、毎日少なくとも一時間は短縮できたといいます。一応は八時間労働という決まった範囲で仕事をすると考えれば、一二・五％の改善ですから、この効率化率はかなり大きなものです。

これを引き継いだ私は、エクセルのマクロＶＢＡでプログラムを書きました。各回の出欠を学生番号順に一五回分取りまとめるというものです。マークシートから読み込まれた第一回から第一五回までの授業の出席状況をデータで取得し、「出席」の回数を足します。もし、合計があらかじめ指定した規定回数に達したら、期末試験の受験資格に「あり」と記号を入れる、という単純な構造です。

このプログラムでは、「出席」かどうか、そして、規定回数に到達したかどうかという点で分岐が使われています。また、一人の学生について一五回分の出欠確認をするという反復と、この手続き自体を受講生の人数分だけ繰り返すという反復が含まれています。

たったそれだけのことですが、仮に受講者数が二〇〇人ほどだとすれば、一五回の授業が五科目分で、合計一万五〇〇〇回以上の出欠確認を行って、期末試験の受験資格の有無が判定できたということになります。

ちなみに、エクセルのマクロＶＢＡには、人間による操作をエクセル自体に覚えさせ、自動化する機能も組み込まれています。この機能を使う手順はこうです。まず、人間が一度操作をして見せます。ここで「見せます」、と表現しましたがＶＢＡがやることですから、実際的には、作業内容をコンピュータ内部の表現に置き換えて保存しているということです。いったん保存ができれば、次のステップでは、同じ操作を行うという命令をすれば、ＶＢＡは人間が行った操作をすべて自動的に処理します。

ただしＶＢＡは、人間が意図せずやったことまで処理のリストに加えてしまいます。こうした余計な部分は処理の本質ではありませんので、実際の業務に使うためには、できあがった処理のリストから、必要なものだけを選んで残します。人手がかかるこの手間は省略することはできません。

それにしても、やって見せたことを１００％再現してくれる自動化の機能は極めて便利です。

実際、私の知人は、ある会社でこの自動化の部分を仕事にしていましたが、効率が高くなることを買われて、その会社には自動化に特化した部署ができたそうです。まさにプログラミング思考が目に見えて有効だった例です。

仕事のなかのプログラミング思考

仕事の場面でも、「順次」「分岐」「反復」の三つの規則をうまく組み合わせることで、効率化を図れます。ここでは身近な例として、あなたが入社二年目で、新入社員の歓迎会の幹事を任された場合を考えてみましょう。

達成する目標は、新入社員を自分の会社の一員として招き入れて、親睦を図ることです。話が弾んで、仕事の場面でも声をかけやすくなったら首尾は上々です。どんなやり方にするにしても、上司の機嫌を損なわないようにする、というのは前提条件として忘れてはいけないこととしましょう。

「こんなことができたらいいな」を実現するためには、それがどのような流れで進んでいくのかの見取り図が必要です。

歓迎会をするときの流れをざっと確認すれば、日程調整、参加者の確認、店の予約、料理やお酒の注文、会場と時間の周知、当日の会の進行、そして次回の幹事への引き継ぎ、といったところでしょうか。

「順次」の発想が大事です。何を先にするか、その順番を考えます。その流れを間違ってしまうと、不要な手間が増えてしまうからです。

例えば、日程を決めるときには、必ず来てほしいメンバーの都合が合う日にします。日程は、新入社員が集まるのはもちろん、課長や部長といった組織の長が来られる日から選びます。もしこれを、お気に入りの店があるからといって、その店の予約が取れる日で決めてしまったら、課長や部長の出張と重なってしまうかもしれません。

そんなバカなことをするか、とつっこみが入りそうで悲しいですが、そのように思う方はすでにプログラミング思考のエッセンスを身につけているのでしょう。そういう方にも有益な事柄を最後にもう一つ述べますので、もうしばらくお付き合いください。

日程が決まれば、お店は、組織の長の好みと、予算などを勘案して決めます。好みや予算というのは、部長は落ち着いたところが好きだとか、皆たくさん飲むから、どうしたって飲み放題でなければならないとか、そういう情報です。

この情報を条件にして、お店を絞り込みます。先ほど紹介した条件を絞った検索方法がさっそく利用できます。日本酒がおいしいとか、海鮮料理は任せて、といったお店の「ウリ」があれば、参加者への案内を出すときに一言添えられるので、その点も確認します。

もろもろの折り合いがつけば、お店を予約します。と一言で書いたこの部分にも、ここには複数の場合に対応した、「分岐」が含まれています。例えば、予算で折り合いがつかなければ、前の幹事に相談しましょう。また、まだ日程が決まらなくても、先に店に空きがあるか確認しておくことはできます。空いていなければ、そもそも候補から除外されるので、選択肢から外します。こういった複数の判断は省略できないことなので、個別の事項として対応します。

めでたく店が決まったので、参加者全員に会場と時間の案内をして、出欠を確認します。メーリングリストで一斉メールということもありますが、必要があれば個別に送ります。個別にメールするときも、送る相手に対して、同じ文面で問題ないというリストを作っておけば便利です。

つまり、〈メールを送る〉の「反復」に条件文を組み合わせて、もし、（1）上司リストに入るなら丁寧な文面を、（2）新入社員リストなら相応の特別な文面を、（3）それ以外の同僚リストなら普通の文面を、という思考を働かせます。

プログラミング思考に従うこの発想でいけば、五〇人に送るとしても、一つの「分岐」を入れた一つの「反復」と考えることができます。

ここでの一つの条件分岐とは、属性を判定する分岐点から先が三つある（上司リスト、同僚リスト、新入社員リスト）ということです。一つの反復というのは、全く同じ手順を繰り返すというひとまとまりにして心の資源を節約してしまうということです。そうではなく、五〇人に対して、一人にメールを送る、次の一人にメールを送るというイメージで考えていると、それだけでだいぶ気持ちの負担になるのではないでしょうか。

とどのつまり、ここでもフォーマットの決まったことについては、反復だと考えることで一つひとつに必要かつ十分以上の労力をかけずに済むということです。その分、考える時間を節約できます。ただし、ヘマをしないためには、あらかじめそれぞれのリストに送る文面はきちんと考えておく、ということは忘れてはいけません。

店の予約ができたら、会の流れを一度イメージしておきましょう。新入社員に意気込み

歓迎会の日程調整メールのルーティン

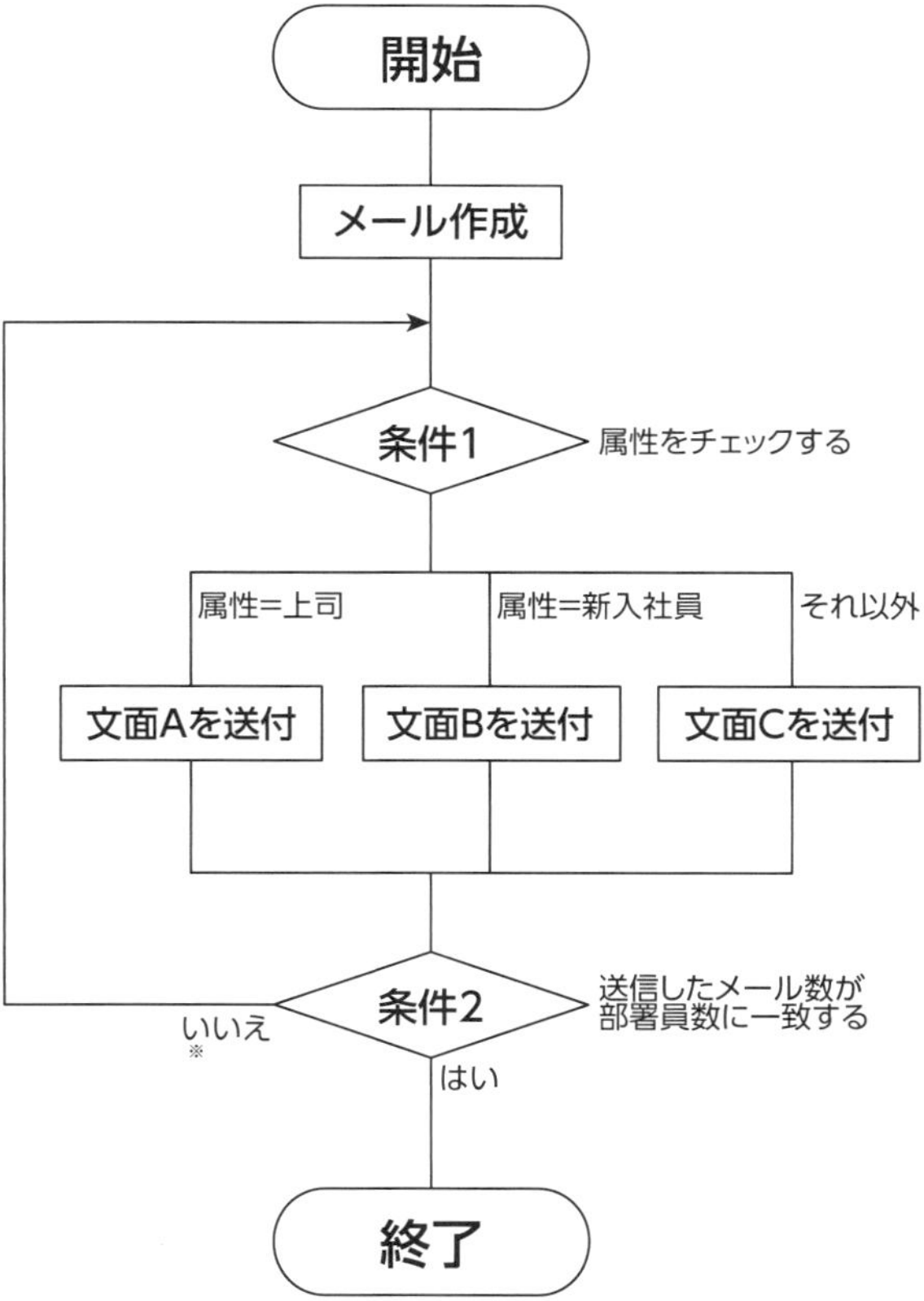

※条件２で「いいえ」と判定されたとき、プログラム（フローチャート）における順次の原則を超えて、上方に戻り、同じ処理が繰り返される

を一言話してもらう予定なら、会場を下見したほうがいいかもしれません。人数や混み合い方によってはできないこともあるからです。参加するのが大人数なら、マイクを用意してもらうなどといった対応について、下見のときにお店の人と打ち合わせしておくのがスマートです。この点も個別の事項ではありますが、今後同じ店で別の会をするときには、やり方の一つとして記憶しておくと役立ちます。つまり、歓迎会という枠組みのなかで使う一つのメソッドとして使い回せるのです。

プログラミング思考が汎用性を持つ理由

使い回しができる、ということもプログラミング思考が効率化を生む理由の一つです。メソッドにするというのは、言い換えれば一度考えたことを状況に応じて使い回しで、再度考える手間と労力を削減するということです。さらに、一度作ってしまったメソッドは、歓迎会のフォーマットが変わらない限り、次の幹事にも引き継ぐことができ、ほぼそのまま利用できるのです。

さらにいえば、日程調整、参加者の確認、店の予約……などなどの手順は、「会社で催

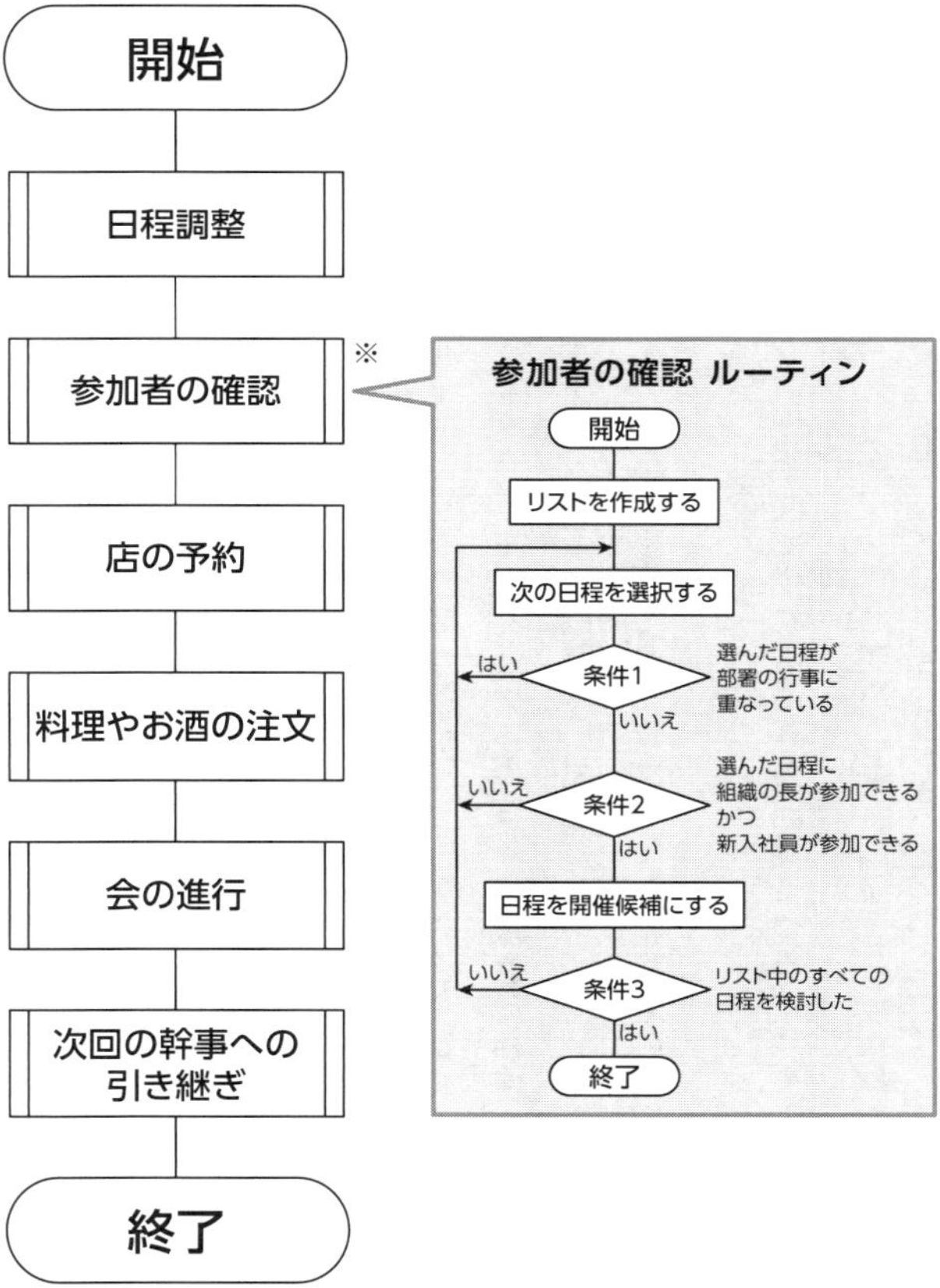

※［　　　］に記載された内容は「定義済みの処理」を表しており、処理が進むごとに「日程調整」の次は「参加者の確認」というように、あらかじめ定義された処理が順次呼び出される

す懇親会」という、もっと抽象的な概念に含まれる一事例だと考えることもできます。

ですから、一度「会社で催す懇親会」に関するやり方を定義しておけば、ちょっとした違いを考慮した細かな変更を加えて、新入社員の歓迎会にも暑気払いの会にも、適用できます。これが、プログラミング思考が汎用的な目的で使える証《あかし》であり、また、すぐに利用できる効率化のポイントでもあります。

実際に、このような発想は、Java や C++といったプログラミング言語でも使われています。特に、最後に説明した「会社で催す懇親会」と歓迎会の関係は、クラスの継承と呼ばれていますし、マイクを用意しておくといった個々の働きを示すために使ったメソッドという用語も、そのままメソッドと呼ばれています。

このように見てくると、仕事の場面でのプログラミング思考の要点は、次のようにまとめられます。

「順次」は、二度手間、三度手間で生じる滞りの回避につながります。一方の「分岐」は、全く性質の異なったものに分けるのではなく、リストのようにいくつかのパターンに整理することです。そして、「反復」は、同じ手順を繰り返すことで、いちいち前提から考える必要をなくします。

さらに気の利いたプログラミング思考としては、汎用的なフォーマットを考え、いくつかの仕事を共通の枠組みで捉えることが挙げられます。

こうして歓迎会をつつがなく開催できたのも、「こんなことができたらいいな」ということから、ざっくりとした見取り図を作れたからでした。見取り図があることで、汎用的なフォーマットを適用できる部分がわかります。これによって、日々の業務のなかで場当たり的に作ってきたメソッドを様々な場面に応用することが可能になるのです。

第一章では、プログラミング思考とはどのようなものかを概観しました。そして、仕事におけるプログラミング思考について説明しました。

第二章では、決め方を決める、すなわち、おおよその解が得られる方法を探索の方針として定めておくことがもたらす利点を述べていきます。

第二章　プログラミングの発想法

子どもがプログラミングをしてみたら

数年前ですが、子どもを対象にしたプログラミングのワークショップに関わったことがあります。このワークショップは、東京大学の学生を中心に構成されたメンバーが企画・運営をしていました。私は、プログラミング教育の効果を測定するオブザーバとして参加しました。

子ども向けのプログラミング教室と聞くと、子どもたちがパソコンの前に座って、食いつくように画面を見ている状況をイメージするかもしれませんが、このワークショップは一味違いました。というのも、このワークショップで子どもたちがするのは、目の前にある自動車ロボットを動かすことだったからです。

子どもたちは、タブレットでいくつかの命令を組み合わせてプログラムを作り、自動車ロボットを動かしていました。例えば、「直進する」を三回命令して、「右に曲がる」を二回命令する、と決めて実行ボタンを押したとします。すると、自動車ロボットは指示通り、三回分の直進と二回分の右折をするのです。

子どもたちは、目の前のロボットが自分の書いた指令書に従って動いていくのを目の当たりにします。画面のなかのモノを動かすのも十分に楽しいのですが、目の前のロボットが動き出すというのとではリアルさが全く違います。ディスプレイやタッチパネルに慣れ親しんでいるいまの子どもたちにとって、これは新鮮な体験だったはずです。

子どもたちがある程度操作を覚えたところで、今度はトラックを一周するという新たな課題が与えられました。これは大学生スタッフが教育効果を高めるために事前に考えたものです。トラックは、幅が三センチほどある太い線で描かれています。両脇の直線部分が一・五メートルくらいですから、全周は五メートルほどです。

子どもたちの、ロボットの動かし方は興味深いものでした。

子どもたちは、指令書を迷いなく書いていきます。そして、実際に試します。「直進」の命令を何回か続けて、それでも距離が足りなければ、さらに「直進」を加えます。直線部分をクリアできるようになると、子どもたちは次のハードルにもチャレンジしていきます。

トラックのカーブに差し掛かるところでは、「左に曲がる」の命令を入れてみます。ところがロボットが左折する際の半径はごく小さいものですから、どうしても小回りになってしまいます。それを見て子どもたちは、「左に曲がる」の後に「直進する」をつなげて、実行ボタンを押してみます。それでもトラックのカーブよりも小さく回ってしまうので、「左に曲がる」の後に「直進する」を二回入れてみる、といったことを試みていきます。

誰に教わるでもなく、順序を考えながら命令を組み合わせてやっていました。これこそまさにプログラミング思考の芽生えです。

子どもたちは、うまく課題をクリアするために、圧倒的な数の試行錯誤を行っていました。思いつくアイディアをまず試してみる方法で「こんなことができたらいいな」を実現していったのです。

子どもたちがワークショップの後のアンケートで書き残してくれたのは、「楽しかった」や「おもしろかった」といった素朴な感想でした。でも、アンケートを書く子どもたちの清々《すがすが》しい笑顔には、「自分でロボットを操作したんだ」という充実した自負心が溢《あふ》れていました。この意味では、子どもたちはすでに立派なプログラマでした。子どもたちにプログラミングの楽しさを知ってもらうのを目指したこのワークショップは、期待以上の大成功だったといえるでしょう。

数にモノをいわせる試行錯誤

子どもたちが行っていたことをプログラミング思考の観点から眺めてみると、さらに興味深いことがわかります。

子どもたちが行っていたのは、自発的な試行錯誤でした。そこには失敗するかもしれないという恐れは何もありません。「試行錯誤」は、英語でいえばトライアンドエラーです。つまり、やってみて間違ってみるということです。

一般に、「間違う」という言葉はネガティブなニュアンスで使われることが多いです。しかしこの文脈では、間違うことは、損失というよりもむしろ利得です。なぜなら、うまくいかない場合であっても、どの手順ではうまくいかないのかについて確かな情報が得られるからです。確かに、うまくいかない手順を繰り返すのは愚かです。しかし、とりあえず試して情報を得るというのは、実は有力なアルゴリズムの一つなのです。

こうした試行錯誤が現に役に立つのは、世の中にある問題に、「たくさんある組み合わせのなかで最適なルートを見つける」という形に定式化できるものが少なからずあるからです。そして、このような問題は、理論上取りうるすべての組み合わせを試してみれば、一〇〇%答えが出ます。

組み合わせ最適化問題と呼ばれるこの問題に、私たちは日常のあらゆるところで出くわします。例えば、遊園地に行ったら、できるだけたくさんのアトラクションに乗りたいと思いますよね。そのためには、できるだけ無駄なく移動したほうがよいに決まっています。これは、どの順番でアトラクションを回れば最短になるのか、という組み合わせの問題です。

仕事にもこういう場面はあります。例えば営業の人なら、決まった時間のなかで得意先を回らないといけないということはよくあります。この問題は、実際に「巡回セールスマン問題」と呼ばれています。

こういった問題は、すべての組み合わせを試すことで解けます。つまり、すべての組み合わせで計算して、そのなかでかかる時間が一番短いものを採用すればよいのです。それさえ間違えなければ、確実に答えにたどり着けます。

これであなたはすでに一つのアルゴリズムを知りました。一つ目のアルゴリズムは、この全数探索と呼ばれるものです。

選択肢が少ないときに全数探索は活躍する

全数探索は、有効なアルゴリズムです。いくつかのやり方があるとき、そのすべての組み合わせを実際に調べてみればよいのですから、普段の仕事でも活用することができます。

このアルゴリズムは、普段気づかない創造的なパターンを見つけるために活用できます。これは美術系の教員から聞いた話ですが、意外性のある衣装を生み出したいとき、ボトムスやトップスを順番に（そして機械的に）すべての組み合わせを試してみるのだといいます。わかっているつもりのコーディネートでも、意外な組み合わせが一番おもしろくなるので、全数探索が役に立つとその教員はいっていました。組み合わされたモノを見て評価するという実物を目の前にした思考が、創造性をもたらすのです。

私自身は、全数探索を研究のアイディアを生み出すときに使っています。それはこんな方法です。まず、いくつかのアイディアの断片を付箋などに書き出します。このなかからすべての組み合わせを試します。そこで出てきたもののなかに意外性があるものはないか探すのです。このやり方では、いつもというわけにはいきませんが、ときどきおもしろい観点が見つかります。全数探索を使うと、自分の暗黙の枠組みに縛られて普段見落としている組み合わせに気づけるのです。

しかしながら、全数探索には現実的な問題もあります。それは、組み合わせの数が多くなると、現実的な時間内で計算が終わらなくなるということです。それはどういうことか、こんな例を考えてみましょう。

例えば、休みの日に少しおしゃれをして出かけるという状況を思い浮かべてください。せめてトップス、ボトムス、靴、そして時計のコーディネートは最低限考えたいところです。

それぞれ四アイテム持っているなら、組み合わせの総数は四×四×四×四で、二五六通りあります。最適なものを見つけるために、すべて試したとしたら、たとえ一つの組み合わせを一分で試したとしても二五六分なので、四時間以上かかります。残念ながら、大事な休日の大半が服選びで終わってしまいます。もしこれがそれぞれ五アイテムずつあったら、六二五通りにもなります。一〇時間を超えてしまいました。休みどころではありませ

表1 巡回セールスマン問題における組み合わせ爆発

都市数	組み合わせ総数	スーパーコンピュータ（京）による計算時間※
10	18万1440通り	0.00000000018秒
20	約1.21×10^{18} 通り	約2分
30	約1.32×10^{32} 通り	約4億年

※浮動小数点数演算を、1秒あたり1京回行うことができる（10ペタ フロップス）と仮定した場合

$$\overbrace{(1.32\times10^{32}\text{通り})}^{\text{組み合わせ総数}} \div \overbrace{(\underbrace{10^{16}\text{回}}_{\text{1秒あたりの計算回数}}\times\underbrace{60\text{秒}\times60\text{分}\times24\text{時間}\times365\text{日}}_{\text{1年の秒数}})}^{\text{1年あたりの計算回数}}$$

ん。

高々数個の組み合わせで考えてもこれだけの時間になってしまいます。現実の場面で直面する問題では、組み合わせる要素の数はもっと多く、結果として、計算しなくてはいけない組み合わせ数は極めて膨大になります。

このことがよくわかる例に上に挙げた巡回セールスマン問題の一種で、アメリカ大統領がある州から出発し、五〇州の州都をすべて回って元の州に戻るというものがあります。これは、一見すると単純な問題です。実際の都市数が一〇程度なら、家庭にあるPCでも十分に答えることができます。ところが、都市数が二〇、三〇と一〇増えるだけで、組み合わせは膨大になります（表1参照）。五

○都市の問題を解くためには10の62乗回という、もはや想像すら難しい回数の計算が必要です。これはあまりに膨大な計算量なので、超高性能のスーパーコンピュータを使って計算したとしても、宇宙が始まってからいままでと同じ時間を費やしてなお終わらないことがわかっています。

実際、生活のなかで人が全数探索のアルゴリズムを適用できるのは、組み合わせる要素の数が高々二、三個のときに限られるでしょう。ですから、現実的な時間で組み合わせが試せるように、自分の直感を信じて——根拠があればなおよいですが——、あらかじめ要素の個数を制限しておくという下拵《したごしら》えが必要になります。

誤差があってもよいから作ってみる

では、組み合わせが無数にあるとき、どのようにすればよいのでしょうか。組み合わせの数が多すぎるとき、プログラマは近似解法を使います。これは、一〇〇%正解とまではいかないものの、解にかなり近いものを求めるというやり方です。

まず、問題の性質に合わせて、「概ね正解に近くなる」方法を見極めます。例えば、遊園地で乗るアトラクションの順番を決めるときには、アトラクション同士の距離が近いものを任意に二つ選んで、ひとまず線で結んでしまいます。そして、この結んだ線のルートをとりあえず通ることにします。

これが一番効率的だという保証はありませんが、無闇にアトラクション間で行き来するよりは、効率的に回れる可能性が高いと考えられます。

仮に、この工夫をしなかった場合にはどうなるでしょうか。一つの方法は、すべての組み合わせを考えることですが、すでに述べたように、組み合わせが多すぎて何年経《た》っても計算が終わりません。かといって、いきなり最適解を求めようとする試みも、往々にして頓挫します。

そうするよりも、現実的には「概ね正解に近くなる」ように工夫をしたほうが賢明です。

例えば、ジグソーパズルを完成させるには、まず絵柄が似ているピースごとに集め、そのなかから組み合わせの候補を見つけていくのではないでしょうか。そうして、いくつかのまとまりができたら、全体の構図をイメージしながら組み合わせを考えます。

まず作ってみることに意味があります。これは仕事の場面にも応用できます。例えば、プレゼンテーション用の資料を作るときにも、必須の内容を箇条書きにして、大まかな目星をつけます。少しまとまりが出てきたら、ラフスケッチで全体の構成やスライド同士のつながりを考えます。すなわち、いきなり完成版を作ろうとして、一枚目から思いつかずにうんうん唸《うな》ってしまうのではなく、まずはチラシの裏にでも解決に近いと思う候補をいくつか書き出せばよいのです。

これが近似解を求めるアルゴリズムの前半部分に相当します。

なぜ降《くだ》るのか、そこにまだ谷があるから

いま作った暫定的な解決案は、あくまで単純な見込みに基づくものですから、改善の余地があります。そこで役に立つのが、大部分を維持したまま、一部だけ交換するという方法です。

その原理は単純で、交換したときに以前よりよくなれば交換後のものを採用し、そうでなければ現状維持します。これを繰り返すことで、初めのものより確実によいものになっていきます。結果的に、取りうる組み合わせのなかでほぼ最善のものが見つかります。

遊園地のアトラクションの順番を決めるという例でいえば、近くのアトラクション同士にただ線を引いた暫定的な解決案に何回か改善を施すことで最短経路に近づくことになります。交換を繰り返すことで経路が短いほうに向かっていくことを、近似解法のアルゴリズムを使う場面では、「問題空間を下へ下へと降っていく」と表現します。

このような手順を踏めば、少なくとも現状より悪くなることはないのですから、確実に改善に向かいます。そうして到達した谷の部分が、ほぼ正しい解ということになります。すべての組み合わせを調べられないという前提で最適なものを探すなら、これが最も着実な方法です。

ただし、ここには一度に一ペアの交換を行うという原則があります。交換する前と後という一対での比較なら、いつでも改善か現状維持かの二者択一になります。それに対して、一度に複数の箇所を交換してしまうと、たとえ内容がよくなったとしても、それがどの部分に起因するものなのかわからなくなってしまいます。

これが近似解を求めるアルゴリズムの後半部分に相当します。

このアルゴリズムを用いると、ほとんどの場合で最適解に至ることができます。コンピユータを使った問題解決の文脈では、問題の内容に応じて2-exchange法とか2-otp法と呼ばれています。

アルゴリズムとは、問題を解くために工夫が凝らされた手順のことですから、部分交換も適用範囲さえ間違えなければ、仕事にも活かせるものです。例えば、売り上げを伸ばそうと広告の内容や商品名を比較して決めるという場合があります。何か改善をしようと思うと、A案とB案の違いを気にするあまり、同時にいくつもの要素を変えてしまいがちです。しかし、改善した要素のうち何がインパクトをもたらすのかをきちんと検証するためには、交換する前と後を比較して、評価しなければなりません。

面倒だからと、この手続きを省略してしまうと、せっかく改善しても、また一部だけを元に戻さなくてはいけなくなったりして、いつまで経っても完成しなくなってしまいます。

局所的な見方を超えて

部分交換のアルゴリズムは、ほとんどの場合によい結果をもたらします。ところが、ある特殊な場合に限っていえば、このアルゴリズムでは、どうしても最適解に到達できないことが知られています。それは、問題空間を探索しながら到達した谷が、局所的な最小値（極小値）になっている場合です。これを「局所解にとらわれている（トラップされている）」と表現します。

これは、あたかも盆地の内側でより低い土地を探しているような状態です。こういった場合、いったん目の前にある山を乗り越えて初めて、さらに低い土地（大域的な最適解）に到達することができます。もしこの事態を俯瞰《ふかん》できれば、山を越えた先にもっと低い土地があるとわかるのですが、現に周囲よりも低いところにいるので、どうしてもその狭い範囲のなかで探索を続けてしまいます。

身近な例で、新入社員が自分の目の前にある差し迫った状況だけを見て対処する状況は、これとよく似ているかもしれません。先輩社員からすれば、なぜその場しのぎの非効率なやり方に執着しているのだろうと思ってしまうような場合です。

すでに解を知っている側からすればもどかしい限りではありますが、やり方を変えない新入社員が単に怠けていると結論するのは性急です。探索してはいるものの局所解にとらわれてしまって、目の前の山を越えられずにいるのかもしれないからです。

プログラミング言語を用いた問題解決では、すでに局所解から抜け出すための工夫がいくつも考え出されてきています。

タブーサーチと呼ばれる手法では、同じ組み合わせを何度も調べることを避けるように、強制的にそこを「調べてはいけない」という禁忌を設定します。そうすると、別のところを調べなければなりませんから、結果として局所解から抜け出せるようになります。

あれこれと探索した結果、知らないうちに局所解にとらわれてしまっているというのは、少し教訓めいていますね。本当はもっといい状態があるのに、自分の周りにあるものにしか気づかないというのはよく経験します。そして、同じところで堂々巡りをしてしまうのも、私自身よくあることです。

そういう意味では、局所解から抜け出すために、ときには通常とは違った探索方法を選ぶ必要があるという教えは、日常生活でも、また、仕事を進めるときにも役に立ちそうです。

もちろん、「そもそもなぜこの作業が必要なのか」と問い直して、自分がしている仕事を俯瞰できるようになることが根本的な解決になるのは間違いありません。とはいえ、そのような劇的な変化には数年単位の時間が必要です。ですから、日々起こる堂々巡りから抜け出すための小さな工夫として、局所解にとらわれないように、何回かに一度は普段やっているのとは違うやり方でやってみるという工夫を取り入れてみると、案外うまくいくかもしれません。

日々のルーティンワークのなかに無理のない程度で、意識的に新しいやり方を取り入れてみるということです。締め切りや納期が迫っていない、余裕があるときに試すことが、新たな方法を取り入れるきっかけになります。

ここまで、アルゴリズムの一例として、全数探索や部分交換について紹介してきました。そこで行われていることを具体的に見てみると、途方もなく難しいことというよりも、私たちが普段行っているのと似た考え方を使っているのがわかります。こういった例に触れると、プログラミングに親しみがない方も、アルゴリズムは想像していたものよりも「常識的なこと」を行っていると実感できたのではないでしょうか。

このほかにも頻繁に使われるアルゴリズムには、ソート（並び替え）や探索があります。こういったアルゴリズムについて、もっと知りたいという方には、『アルゴリズム図鑑——絵で見てわかる26のアルゴリズム』（石田保輝・宮崎修一著、翔泳社、二〇一七）をお勧めします。これは、プログラミングでよく使われる二六種類のアルゴリズムを集め、図をふんだんに使って説明した図鑑です。カラフルで、ただ眺めているだけでも楽しめるものです。

キューとスタック

アルゴリズムが、問題を解くために工夫された手順であることがわかりました。アルゴリズムを実装する（プログラムとして表現する）ときに欠かせない考え方に、データ構造があります。

ここでいうデータとは、プログラムのなかで操作をする中身のことで、料理でいえば食材のようなものです。野菜や肉を加工しておいしい料理を作るように、データは加工して、計算に使ったり図表にまとめたりするのに使えます。

データの加工は、いくつかの手順に分けて行われます。しかも、これらの複数の手順は順を追って進めていく必要があります。つまり、データを加工するときには、使いたい分だけ取り出し、処理を施してまた戻すという方式を取ります。

この操作は繰り返し行われますから、データをどんな順序で置いておくと便利なのかをあらかじめ考えて整理しておくと、効率的に進められます。この整理の仕方をデータ構造と呼んでいます。

代表的なデータ構造として、スタックとキューの二つが挙げられます。プログラマは、どんな問題を扱うのかによって、この二つを巧みに使い分けています。

まず、スタックについて説明します。スタックというのは、一般にモノをいくつか重ねて積んでおくという意味です。同じ形のカップや椅子を重ねて置いておくのをスタックと呼びますね。データ構造としてのスタックも、重ねて置かれているというイメージで考えると理解しやすくなります。

スタックの構造を理解するためのわかりやすい例は、「笑点」の座布団です。上へ上へと重ねていく座布団は、スタックの特性を備えています。

例えば、大喜利でおもしろい回答が出たときには、座布団を一枚もらえます。この座布団を重ねるためには、次の三つの操作が必要になります。まず、一度演者に降りてもらいます。次に、座布団を重ねます。最後に、また演者に乗ってもらいます。反対に、つまらない答えで座布団を何枚か取られてしまうときは、一度演者に降りてもらい、座布団を取り、最後に演者に乗ってもらいます。

どちらの場合にも、「笑点」の座布団は、上から順に重ねられるものですし、上から順に取られていきます。これがスタックの特徴です。

スタック構造では、上にあるデータはすぐに使えますが、下にあるデータはそうではありません。ですから、上にあるデータを一度脇に置いてからでないと使えません。この方式は、データの入出力の関係に注目して、ラスト・イン・ファースト・アウト（last in first out＝ＬＩＦＯ）、あるいは、後入れ先出しと呼ばれます。

この方式は、いくつかの作業が派生していく状況では非常に便利です。最初に土台になるものを据え、そのうえでいくつかの枝分かれした作業をするという場合です。

例えば、私たちがパソコンで資料を作るとき、ウィンドウズやＭａｃを立ち上げて、そのうえでアプリケーションを開きます。具体的には、テキストエディタを開いて作業をして、一方で、プレゼン用アプリで資料を作るという場合を考えてください。テキストエディタの編集が終わったからといって、いちいちウィンドウズやＭａｃを閉じるということはしません。それは残しておいたまま、プレゼン用アプリを呼び出します。

このような使い方をするときには、スタックが便利ですし、私たちが使っているパソコンやスマホでも、スタックが使われています。

一方でキューというデータ構造もあります。

わたしたちが普段使うキュー（cue）といえば、一般には人を呼び出すときの合図のことです。ところが、データ構造で使うキュー（queue）は、これとは別の意味です。何かを待っているときの、人の列のことを指しています。つまり、混雑する飲食店などで見かける待ち行列のことです。これさえ覚えておくと、キューというデータ構造について、ほぼ間違えることなく理解できます。

キューは、スタックとは対照的に、最初に入ってきたデータから先に使われるという方式です。データの入出力の関係に注目して、ファースト・イン・ファースト・アウト（first in first out＝FIFO）、あるいは、先入れ先出しと呼ばれています。

これは、キューという名前が指し示す通り、窓口の順番待ちの行列を考えるとわかりやすいです。先に並んでいた人が、先に窓口で受け付けてもらえます。先に来たものが先に処理されるのです。

キューは、私たちに身近なものでは、スマホなどを使ってメールを送信するときなどに使われています。データをパケット（分割されたデータのまとまり）として送るとき、ネットワーク上では、最初に送ったものが優先的に送られていくようになっています。もし、スタックで処理されたら、どうなるでしょうか。すぐに想像できるように、先に送ったものが後から来たものに追い越されてしまうという不公平な状態が生じてしまいます。

こうしたデータ構造が日常に活かされるのは、処理する順序が問題になる場合です。例えば、一般的なデスクワークで扱う書類を溜《た》め込まないようにするには、基本的には手元に到着した順に書類を処理すればよいはずです。ですから、書類が来たら未処理ボックスへ順に重ねていき、作業するときに「まとめて裏返して」上から進めていくというやり方ができます。ここでの方式は、ファースト・イン・ファースト・アウトですから、データ構造（書類の管理）もキューを選択すると効率的です。そうでなければ、いちいち書類の山を掻《か》き分けないといけなくなってしまいます。

他方、同じデスクワークでも、緊急の仕事が頻繁に入る部署なら、いま到着した書類が優先される状況もあるでしょう。これは、ラスト・イン・ファースト・アウトの方式です。この場合には、データ構造も、スタックを選択すると効率的です。こうすれば、緊急の仕事に対応することができます。

いま紹介した二つ以外にも、いろいろなデータ構造が存在しています。例えば、木構造やリスト構造です。また、応用編としては、キューに改善を加えて円環状にしたリングバッファと呼ばれるものがあります。直線状のキューは、いわば回っても一周しない山手線のようなもので、最後の要素までたどり着くのに必ず時間がかかり不便でした。これを抑える工夫として、キューの出口と入口をウロボロスのヘビのようにつないでしまいます。そうすると、空きを探して右にも左にも一周できるので、素早くデータの入出力ができるだけではなく、容量を無駄なく使えます。

このような構造は、少しでも効率的に処理したいという要請に応えて生み出されてきました。ですから、どれも作業内容との相性があります。

データ構造というとあまりなじみがないかもしれませんが、自分がいま手元で扱っている作業がファースト・イン・ファースト・アウトで処理するべきなのか、ラスト・イン・

ファースト・アウトで処理するべきなのかを考えて、配置を入れ替えるだけでも、動線の混雑が緩和されます。この発想が仕事を効率化するヒントになります。

決め方を決めておく

アルゴリズムは、問題を解決するために工夫した手順ですから、様々な問題の解決に役立ちます。ただし、それは正しく適用した場合に限られます。

これは、プログラミング思考が、アルゴリズムを知っていることと同義ではないことを表しています。手順を考えるひな形としてアルゴリズムの知識は当然役立ちますが、それ以上に、どのアルゴリズムがいつ効果を発揮するのかという判断が仕事の効率を大きく左右します。

例えば、最適化問題を解くとき、全数探索は、組み合わせ数が少なければ最も有効なアルゴリズムです。一〇〇%答えが出るからです。しかし、組み合わせ数が多すぎるときには部分交換が有効です。膨大な組み合わせをすべて試すわけにはいかないからです。

どちらの手順を使えば解決できるのかをアルゴリズム自体は教えてくれません。ですから、人がきちんと考え、適切なアルゴリズムを選ぶ必要があります。その判断能力こそ、本当の意味でのプログラミング思考なのです。

また、データの構造は、問題の性質に応じて変える必要があります。そうでないものを選んでしまうと、かえって手間は増えてしまいます。

例えば、スタックは上のほうからデータを更新するような場合には便利ですが、先に入れたデータを最初に使う状況には向いていません。先に入れたデータを使いたければ、上のデータを全部取り除く必要があります。

そういった手間のかかる罠《わな》は、日常に多く潜んでいます。私が大学生のとき、某飲食店でアルバイトをしたことがあります。そこでは、六〇キロはあろうかという米袋をいくつも積み上げていました。新しいお米が配達されたので、私はすでに置いてある米袋スタックの上に置きました。

すると、店長からものすごく怒られました。

店長は、米は入荷された順に古いものから使うのだから、一番古いのが一番上にないといけないと説明してくれました。なるほど、ファースト・イン・ファースト・アウトの方式です。

店長が主張する理由はよくわかりましたので、一度すべての米袋を取り出して、その日に届いた米袋を一番下にして、逆順にまた積み直しました。汗をかきながら、我ながらよく頑張ったと思います。

その後、この作業手順ではあまりに手間と労力がかかるので、店長に申し出ました。「同じスペースを使うんだったら、袋を縦置きして左側に寄せたらどうか」と聞いてみたのです。新しく米袋を開けるときには、炊飯器に近い左端から取り出し、空いたスペースに順々に米袋を左に寄せていけば、最小の労力でファースト・イン・ファースト・アウトが実現できます。そして、配達されてきた米袋を右端から補充すれば、すべて出してからまた積み直すという手間は不要になります。

キューというデータ構造をすでに知っている私たちにとってみれば、このような置き方が効率的だというのは、自明のことに思えます。しかし、日常はそうとはならないこともしばしばあります。店長は「うちでは、そういうことになっているから」と言うばかりで、意見が聞き入れられることはありませんでした。職場での「そうなっている」というのは、いつでも人の思考を停止できる魔法の言葉だと思います。

問題を解くというとき、どんなアルゴリズムが有効であり、それを実現するためにどんなデータ構造が便利なのかについては、多くの知見が積み重ねられています。

ですから「決め方を決めておく」というのには、二つの意味があります。

第一には、これまでどのような手順が有効であったのかを理解し、きちんと問題が解けるものを選び出すべきだ、ということです。そうすることで、日々の業務に頻繁に表れる事柄については、解決方法を類型化して、最小限のリソースで確実に解決できます。そのときの手順は、斬新であったり、革新的であったりする必要はありません。使い回しで必要十分です。

第二には、状況は変化しうるので、手順が適切かどうか点検するべきだ、ということです。ある仕事に対して最小のリソースでできたことだからといって、それがどの問題にも適しているとは限りません。時代は変わっているのに旧態依然とした手順を使っているために仕事が滞ることは十分にあり得ます。何かボトルネックになってしまっているようなことが見つかったら（あるいは、そう疑われた時点で）、適用するアルゴリズムを変えると、案外簡単に解決できるという場合もあるでしょう。

プログラミング思考とは、「こんなことができたらいいな」を実現するために、手順や組み合わせを工夫していくことです。プログラミング言語で開発されてきたアルゴリズムやデータ構造を知ることは、問題解決の手順を知ることにほかなりません。これは、仕事や勉強をするときのプログラミング思考を支えてくれます。

先人の知恵を借りながらも、自分で考えて選び取った工夫は、あなたが問題に直面したとき自由に使える武器になります。

第三章では、これを一つ推し進めて、人ならではのプログラミング思考について述べていきます。それは、「こんなことができたらいいな」と思うことを実現するために、道具や身の回りの環境、さらに場合によっては自分自身も一つの操作対象として扱うという考え方です。

これにはちょっとした工夫が必要なので、「自分自身も道具と見なす」という発想を転換するテクニックを説明したうえで、その実践的な方法を述べていきます。

第三章　自分を演算装置にして問題を解決する

「しくむ私」のプログラミング思考

本書では、ここまでプログラミング思考によって「こんなことができたらいいな」を実現するための具体的な方法と、その結果もたらされる効率化について説明してきました。

第一章で紹介した「順次」「分岐」「反復」という三つの規則の組み合わせや第二章で紹介した探索のアルゴリズムは、プログラミング言語においても、そのまま適用できる内容です。ですから、ここまで読んで、文部科学省流の「プログラミング的思考」で議論されている論理的思考や問題解決能力のイメージも含めて、プログラミング思考とはどのようなものかについて、ある程度はイメージを作り上げることができたのではないでしょうか。

ここからは、さらに一歩進めて、日々生きる私たち自身のことについてもプログラミング思考で捉えると、どんな効用があるのか、そしてどんな工夫ができるのかを見てきます。特に本章では、自分自身を演算装置として捉える見方を紹介します。これは、少し他人行儀な感じがするのも事実ですが、そのように考えることで、ただ受け身になるのではなく、自ら主体的に問題に合わせてやり方を工夫していく可能性を紡ぎ出していくためのものです。ここにきて、序章で述べた「しくむ私」という発想が改めてクローズアップされてきます。

道具は問題解決を具体化する存在である

あなたは、バールを使わずに釘《くぎ》を抜いたことはありますか。かなりの力が必要で、よほど指先の力に自信がある人でなければ、そうそう抜けるものではありません。でも、バールのようなものを使えば、釘は楽に抜けます。もっと身近な例で、固い瓶の蓋を開けようと汗をかいたこともあるかもしれません。これも専用の器具を使えばすぐに開きます。

このような場合、仮に道具の場所を忘れてしまっていて、探すのにかかった時間を差し引いても、道具を使ったほうが早いこともよくあります。

また、道具には、使い回しができるという性質もあります。ある場面での道具の使い方が、別の場面にも使えるなら、こんなに楽なことはありません。一度考えた方法を状況に応じて使い回すことで、再度考える時間と労力を削減できるからです。

道具がこの働きを持つのは、道具がそのフォルムや部品の組み合わせのうちに、問題解決の本質的な過程を封じ込めているからです。問題を解決しようとすると多くの場合には、何を実現すればいいのか明確にする、アイディアを試してみる、うまくいかなければ改良する、という手続きが必要です。ところが、道具を使い回すときには、この手続きを初めからやり直す必要はありません。

道具の使い回しで再度考える時間と労力を削減できるのは、このためです。いま手元にある様々な道具を見ても、そうは思えないかもしれません。でも、新しい道具が生み出されるまでの過程を振り返ってみると、道具がその性質を備えていることがはっきりとわかります。

そもそも道具が生み出されるとき、その背景には、目の前にある不満な状態を、なんとか解消したいという欲求があります。例えば、楽に釘を抜きたいとか、楽に瓶の蓋を開けたいという気持ちです。これは解決を待つ問題といっていいでしょう。

私たちはこういった問題を解決するのに何が必要なのかを考え始めます。例えば、釘を抜くのなら、どの方向にどれくらい力を加えればいいのか、とか、どんな力が足りていいないんだろうかと考えを巡らせます。いろんなアイディアを検討する過程で、解決方法が見つかります。

初めのうちは抽象的なアイディアかもしれません。しかし、それを実現するのは、いつだって具体的な部品の組み合わせです。ですから、いま手元にある道具のフォルムや部品の組み合わせは、人が問題をどんなふうに捉えたのか、そして、どう解決していったのかと直接的に対応しています。

ファンタジーアニメに登場するような呪具とは違って、道具にはスペル（呪文）が書いてありません。それもそのはずで、道具がもたらす作用は、文字のような表象に置き換えられているのではなく、道具の形状や部品の組み合わせとして組み込まれているからです。すなわち、道具の形そのものが道具の作用の表れなのです。そういう意味では、現実の道具というのは、アニメに登場する呪具などよりも魅惑的なように私には思えます。

端的にいえば、道具を使った問題解決は、過去に工夫が凝らされた問題解決を再び適用することにほかなりません。道具を使い回すといえば、それだけのことに思えますが、それは実際のところ、道具の内に封じ込められた問題解決の過程を呼び起こし、目の前の問題に再び適用することなのです。

「こんなことができたらいいな」と思うことを実現するプログラミング思考の観点から見れば、これは魔法のようですね。道具が備えた解決方法を引き出しさえすれば、いちいち考えなくても問題が正確に、かつ、美しく解決されるのですから。

道具が自分の身体の一部になる

とはいっても、道具さえあれば勝手に何でもしてくれるわけではありません。道具の使い道を知っている者だけが、道具に秘められた解決能力を引き出すことができます。人が使ってこそ、道具は道具として機能し始めます。

ですから、道具を自分から切り離された単なる操作対象と見るのは、道具の正当な評価ではありません。なぜなら、道具が機能を発揮するとき、道具はすでに身体の一部になっているからです。

例えば、優れた身体感覚を持つ野球選手のイチローは、自分の身体を操るように、バットをコントロールしてボールを打ったといいます。これはバットがすでにイチローの身体の延長としてあったからです。そこには、私たちが指先でモノに触れてその肌理《きめ》がわかるように、バットの先でボールを受けてその質感を感じ取るほどの優れた身体感覚があるといいます。

また、こんな例もあります。目が不自由な方は、白杖《はくじょう》を頼りに足元の状態を知ります。地上の様子を探りながら歩くとき、杖は身体の一部です。実際、杖を使って歩くのに慣れ、感覚が研ぎ澄まされていくと、杖の先まで自分の身体の一部だと感じられるのだといいます。

ここでは優れた身体感覚を持つ方の例を挙げましたが、この特性は人に備わった普遍的なものなので、何もこういった方々に限定されているものではありません。程度の差はあるとしても、私たちも自分の身体感覚を少し対象化してみれば、道具が身体の一部になっていることに気づきます。

例えば、車の運転をする人なら、自動車が自分と感覚を共有した人車一体ともいえる体験をしたことがあるのではないでしょうか。また、オフィスワークでブラインドタッチをする方なら、慣れ親しんだキーボードが身体の一部として働き、思考がそのまま文字として画面に打ち出されていくという感覚をよく御存じでしょう。

注意してほしいのは、道具が身体の一部だというのは、一切比喩ではないということです。人は道具があって初めて問題を解決できますし、道具は人がいて初めてその機能を発揮します。つまり、人と道具は、ペアになって初めて解決能力が発動するのです。それゆえ、両者は別個のものというより、ひとまとまりなのだと考えるべきです。

プログラミング思考のなかでは、自分―道具を一つの単位と見なして効率化を図ることになります。

道具の延長としての身体

自分―道具を一つの単位と見なすようになると、「使う―使われる」という主従関係は途端に曖昧になってきます。私たちが意図を持って道具を使いこなしていることに違いはないのですが、道具から制限を受けるのもまた事実です。作業を進めるために試行錯誤するうちに、道具に合わせてやり方を変えているということは、日常生活のなかにも頻繁にあります。

例えば、切れ味の悪い包丁を使っていると、知らず知らずにそれに合わせた身体の使い方をするようになります。普段は自覚していませんが、包丁を新調したり研ぎ直したりして、包丁の切れ味がよくなったときにそれは露《あら》わになります。

よく切れる包丁を使ってみると、手のひらから伝わってくる摩擦の触感や腕の筋肉のこわばりがないという感覚の違いに驚いてしまいます。そして、以前の包丁を使っていたときの癖で、自分が腕や手首に力を込めて切っていたことに気づかされるのです。

このような違和感が生じるのは、切れ味の悪い包丁を使い続けることで、その包丁に合わせた切り方を身につけてしまっていたからにほかなりません。道具を使っているのは自分ですが、いつのまにか自分―道具の関係に逆転が生じていたのです。

「道具に使われる」という表現を使うと、なんとなくネガティブな印象を受けてしまいそうですね。でも、このような主体感覚のゆらぎは必ずしも悪いことではありません。人の卓越したパフォーマンスには、道具によって行為が導かれるという身心状態はつきものです。

プロのピアニストは、演奏が佳境に入ると、自分がピアノを弾いているのか、それともピアノに自分が弾かされているのかわからなくなるといいます。また、あるプログラマは、自分がコードを書いているのか、コードに自分が書かされているのかわからなくなるという境地があるといいます。こうして、自分―道具が融け合って一体になったとき、よいパフォーマンスが生まれるのです。

要するに、問題解決を志向する自分―道具の関わりに着目すると、道具は身体の延長です。これは逆説的に、身体が道具の延長である、ということでもあります。そのような鏡映しの観点で見たとき、両者の依存関係が浮き彫りになります。

ここでの議論の要点は、次のことです。道具を使うとき、私たちは道具に封じ込められた問題解決の過程を引き出しつつ使います。そして、その瞬間に私たちは、道具のフォルムや組み合わせによって生じる制約に促されて、その行為をしているのです。

ですから、「しくむ私」として道具を用いて何かを達成したとき、その結果への貢献に自分の比重が大きいとしても、道具の比重が大きいとしても、それはどちらでも一向に構いません。そうした意味において、問題を解くとき、（身体と外界の境目としての）皮膚の内と外という区分は、それほど重要ではないといってもいいでしょう。この状況には、自分―道具という問題解決を実現する、一つの単位があるだけだからです。

活動理論がつなぐ主体と道具

こうした考え方は、私がオリジナルに考え出したものではありません。実は、道具も含めて、活動の目的との関わりを論じる考え方には、心理学において三〇年以上にわたって議論されてきた伝統があります。

その代表は、ロシア（旧ソビエト）の心理学者レフ・セミノヴィッチ・ヴィゴツキーの影響を受けるアレクセイ・ニコラエヴィッチ・レオンチェフによって提唱された活動理論です。

とはいうものの、心理学について少しご存じという方でも、もしかすると活動理論についてはあまり聞き覚えがないかもしれません。日本の心理学は、研究者の間でも、また、巷間に広がる学説のいずれでも、アメリカでの心理学を追いかけているようなところがあります。このため、ロシアで発展してきた活動理論は、日本ではあまり有名ではないという現状があります。

より正確な理解を目指して、「しくむ私」にとってのプログラミング思考に至る、発想の原点を共有するために、ここで活動理論について少し丁寧に紹介しましょう。

多くの心理学の体系では学習や思考、推論、記憶、動機づけといった諸々の心理現象を、個人内の現象として捉えてきました。言い換えれば、心理現象を人間の頭の中に閉じたものとして想定しているということです。

それに対して、活動理論では、活動の主体とその活動によって到達すべき目的（対象）を想定する点では同じではありますが、この二つを媒介し、作用を引き起こすものとして道具を捉えています。つまり、主体、道具、目的の三つが一つの単位として存在していると考え、その関係性から人間の心理現象を捉えようとします。

ですから、活動理論においては、心理現象は、人間の頭の中だけに閉じたものではなく、人間の心理現象を周囲の環境に開かれたものとして生じていると捉えているのです。

主体、道具、目的の三つのうち、特に道具は重要です。なぜなら、道具の使い方を学ぶことによって、個人が練習や職業訓練によって能力を高め、対象との関わり方を変えていくことができるからです。これは、個人が学び、知識を蓄えて技術を磨き、熟達していくことは別の意味で生じています。

例えば、プログラマはよくTo doリストを使います。対応が必要な仕事ができれば、リストの項目を増やし、作業を終えたらその項目を消すというように、仕事の進捗状況に合わせて項目を管理しています。

To doリストは、なすべきことを目に見える形で記録することで、自分の頭の中に覚えておく労力を減らしてくれます。この結果、直近の作業に集中することができます。当然、リストを使ったほうがパフォーマンスは確実に向上しますが、これは何も本人の能力が上がったからではありません。

このひと工夫について、活動理論流の表現でいえば、プログラマという主体が、To doリストという道具を用いて周囲の環境に変化を与え、活動の在り方全体を変えているということです。つまり、個々の要素が変化したと考えるのではなく、活動とそれを取り巻く環境というシステム全体が変容したと捉えるのです。

このような視座を持ち、道具を活動の単位に含めることがいかに大事かというのは、次のように考えれば明白です。

To doリストを用いるのは、確かにプログラマが持つ経験則であり、主体なしには実現しません。その一方で、パフォーマンスが上がるという事実を説明するには、リストという道具も同じように不可欠であり、主体―道具―対象の間には、別々に分解できない有機的なつながりがあります。したがって、それが個別の要素に還元不可能な一つの活動の単位としてあるのです。

当初、個人の心理現象を説明するために始まった活動理論でしたが、その後、フィンランドの心理学者であるユーリア・エンゲストロームなどの拡張により、共同体や社会における個人間での活動の分析にも応用されるようになりました。そこでは、活動の主体と目的（対象）を媒介する道具の働きだけではなく、社会的規範やコミュニティが関与しているのかや、そこでどのように分業が行われているかといった点に焦点が当てられました。

近年では、活動理論の発想に基づいて、コミュニティ間の接触やその際の困難さといった話題について研究が盛んに行われるようになってきています。

本書では、レオンチェフ流の活動理論の発想を基礎として汲《く》みつつも、活動理論の近年の発展とは少し距離を置いて、「しくむ私」の観点から議論を進めたいと考えています。

このとき重要になるのは、当事者としての主体です。「しくむ私」、つまり、主体的に変化を引き起こす者として、自分自身を使いこなすという観点を取り入れた議論をしていきます。

そこで皆さんにぜひ一緒になって体験してもらいたいのは、活動理論の一人称への転換です。従来、活動理論で重きが置かれている主体―道具―対象という単位は、人の心理現象を環境に開かれたものとして捉え直すための観点として重要ではありますが、これはあくまで研究者の側から見えるものを概念化したものです。

このため、様々な文化においてコミュニティに自然発生したり、社会制度化された主体―道具―対象という活動の単位を、研究対象として客観的に観察し、記述するというのが研究の主流でした。

しかしながら、二〇〇〇年以降、研究者や実践者が自らこの活動の単位の内側に入り込み、主体的に揺り動かしていこうという新しいアプローチが生まれてきています。つまり、活動の単位の最初の要素である主体を、研究者から見た三人称としての主体ではなく、当事者による一人称として積極的に関与しようという、流れが出てきています。

現在では、こうした研究の在り方は、一人称研究や当事者研究と呼ばれる潮流を生み、心理学や社会学の新たな展開を生んでいます。

本章では、そうした研究に基づくわけではありませんが、一人称という視座から、日常生活のなかにどんな工夫が考え出せるかを説明していきます。それはこんな構想です。

この視座を持つことで、文部科学省流の「プログラミング的思考」が想定する三人称的に記号を操作するという発想を知りながらも、その一段先に、主体としての私とそれを取り巻く環境を動かしていこうという一人称的なプログラミング思考について、深く納得していただけると思います。

ですから、以降の項では、道具を使う私——もっといえば、道具と一体になった私——がどのように活動の目的にアプローチできるのか、また、その際にいかに順序や手順を改善できるのかという発想を中心に紹介していきます。

こうした発想について説明していくのですから、やはり最初に紹介した本書におけるプログラミング思考の定義である、もっと広く「こんなことができたらいいな」と思うことを実現するために、道具や身の回りの環境、さらに場合によっては自分自身も一つの操作対象として扱い、どんな手順が必要かを理論的に考え、実行していくことがテーマになるというわけです。

自分も道具だと捉える視点が「私」を有能な演算装置にする

本書で見てきたように、私たちの身体の延長に道具があるということは、道具の延長に身体があるということです。両者は一体になって作業は進んでいきます。これを前提にすれば、私たちはここで一気に道具の範囲を拡張することができます。先取りしていえば、これにより、プログラミング思考の適用範囲が一気に広がるということです。

道具は、社会通念としては自分自身の身体から切り離されたモノにすぎません。でも、自分―道具がひとまとまりとして問題解決をするのですから、もはや自分自身の身体や思考は道具の一部になっていると考えてもよいはずです。これは簡単にいえば、一連の道具群の一部として私があるということであり、これはいわば「自分自身もまた道具だ」ということです。

ここまでの、自分―道具という相互依存の関係は、自分が道具を使う、そして、道具と身体が一体になる、という議論の末に、自分自身もまた道具だという発想をもたらしました。自分を含めて道具の延長と考えるのは、他人行儀な捉え方で、少し突飛な印象もありますが、このことが仕事や学習の効率を高めていくうえで重要です。

この見方のいいところは、自分―道具のひとまとまりをうまく使い、効率よく作業を進めていこうという考え方ができる点です。言い換えれば、自分を含めたあらゆる道具を使い、環境に働きかけ、その結果として問題が解ければそれでよい、という考え方を可能にしてくれるということです。

これは、自分自身のことを一種のコンピュータ、演算装置として捉えることにほかなりません。私たちがやらなくてはいけない仕事を、演算装置としての「自分」（対象としての自分―道具）にやってもらうという見方です。

第一章で見たように、熟練したプログラマは、「順次」「分岐」「反復」という、たった三つの規則を駆使して、プログラムを書きます。正確かつ迅速に動作するように工夫して書かれた指令書が、規則を愚直に守る機械を有能な演算装置に変えます。同様に、正確かつ迅速に仕事が進んでいくように工夫した指令書は「自分」を演算装置に変えます。つまり、「自分」のことをうまく導いていくプログラマになって、「こんなことができたらいいな」を実現するのが本書の主張するプログラミング思考です。

私たちの仕事のなかには、いつも決まったやり方で行われる作業が多くあります。これらは、同じ行動の反復や単純な分岐で実現できるものですから、一度手法を決めてしまえば、そのたびに考える必要はありません。その結果としてプログラミング思考は効率を高め、時間と労力を生みます。その余裕を新しいアイディアを考えたり、新しい方法にチャレンジしたりするのに使うというのはとても魅力的なことです。

この意味で、できる限り労力を減らすことは悪ではありません。

と、こんな主張をされても、人間は機械と違って、気持ちややる気によって行動が日々変動するという事実を無視できませんよね。ですから、多くの方は、「演算装置だなんて簡単に割り切ることはできない」とやや悲観的な感想を抱くかもしれません。

確かに、気持ちを無理に抑え込もうとしたり、やる気をなんとか引き出そうとしても、なかなかうまくいくものではありません。しかし、だからといって、人が変動する気持ちややる気にいつも引きずられてしまうというのは、単純化しすぎた見方です。

感情や動機づけがあるとしても、それは人にあらかじめ備わった豊かな情報処理の一側面です。日本の認知科学に黎明《れいめい》をもたらした戸田正直《まさなお》教授は、感情が生存のために備わった重要な機能だということを主張しました。洒落《しゃれ》っ気のある戸田先生は、生存のために感情が必要な理由を「茸喰《きのこぐ》いロボット」の寓話《ぐうわ》でわかりやすく説明しています。

この寓話では、未知の惑星でキノコを食べながら生きる架空のロボットが備えなければならない機能はどんなものか？　という問いに次々と答えることを通して、ヒトを含む知的な生命体に感情が不可欠であることを説明しました。この感情理論は、アージ理論と呼ばれ、感情には理性的な判断を邪魔する厄介な側面があるものの、危険の回避や種々の判断に欠かせないものであることが主張されています。

このことを知っているといないとでは大違いです。生存のための感情という見方ができれば人が仕事や学習をするとき、「人間らしい変動も考慮したうえで、うまく立ち回ればよいではないか」というように、見え方が少し変わります。人生には一方で喜びや楽しみがあるのですから、その反面、一時的に落ち込むのもやる気が出ないというのもやむを得ないことだと思えてきませんか。

感情の浮き沈みがあることも、やる気が出たり出なかったりすることも、事実として受け入れてしまえば、それらも含めて、全体としてうまくいくよう工夫していくというのが「しくむ私」の発想です。

「どうしてやる気が出ないいんだろう」という答えの出ない問いを考えるのをやめ、「やる気の出ない自分だけど、うまくやるにはどうしたらいいだろう」と考えるということです。そうやって思考の性質を切り替えるのです。自分自身を原因と結果をつなぐ実体として扱い、対象化して操作していく体感は、RPGで主人公を冒険に向かわせるときの感覚に近いものがあるかもしれません。

RPGは、主人公をどのように動かしていけば、目の前のクエストをクリアできるのかという思考で進めていきますよね。しかも、主人公の状態がいつも万全とは限りませんから、気力や体力が減っているようなときでも、手持ちの技術や道具を振り返り、攻略のための手順の組み合わせや順序を考えて、効率的に進めていこうとするはずです。

主人公の能力はすぐには変わりませんが、装備やパーティの組み合わせを変えることで、直《ただ》ちに対処能力の実効値が格段に高くなります。こうした成果を首尾よく納めるには、自分を含めて道具として扱う一種の他人行儀的な捉え方が肝要です。

気持ちややる気が万全ではないときもあるでしょう。しかしそれは事実よくあることだと受け入れて、そんななかでもうまくいくように工夫すればよいということです。そうすれば、自分自身とそれを取り巻く環境をほどよく離れた距離から俯瞰し、普段よりも客観的に自分の行動をデザインすることができます。

これが、「自分自身のことも一種の演算装置として考える」という流儀です。

メンタル・リソースとその配分

自分自身のことを演算装置として捉えると、資源（リソース）の配分という観点から、仕事や学習を捉えることができるようになります。

通常、私たちは何かを生み出すために消費される物質を指して資源と呼んでいます。それに対して、ここでは、思考を巡らしたり何か物事を行ったりするのにどうしても必要になる力のことを指します。

実際に何かを引き起こしたことに対応する「仕事量」とは違って、まだ行われていないことも含むので、何か行動を起こす可能性を持った潜在的な力といえます。

ここでのリソースは、人間のフィジカル・リソース（肉体資源）も、メンタル・リソース（精神資源）も共に含んでいます。特に、今回扱っているのは、プログラミング思考ですから、主にメンタル・リソースについて見ていくことにします（以降、メンタル・リソースを単にリソースと呼びます）。

といっても、精神論に頼るということではありません。あくまで手順を効率よくしていくという観点で考えていきます。

人が持つリソースは有限です。もしリソースが無尽蔵なら、多少の無駄は出しても、それこそ湯水のように使って素晴らしい成果を出せばよい、という結論を下して議論は終えられます。

しかし実際には、肉体労働で次第に疲れてくるのと同じように、頭脳労働をすれば脳もくたびれてきます。だからこそ、リソースをうまく配分して、効率的に仕事を進めたいと考えるわけです。そうすることで、同じリソースでも、より多くの仕事をこなす工夫が始まります。

これとは対照的に、能力や才能があるから仕事ができるのだ、という考え方をしてはいませんか。この考え方は、うまくいっているうちはいいのですが、ひとたび仕事が滞りだすと途端に困ってしまいます。それは、仕事が順調にいかないことが、その人の能力不足の証明になってしまうからです。

一方、ここでお勧めするリソース配分という見方は、現時点で仕事ができているかどうかが問われるのはもちろんですが、むしろ将来へ向けた計画という面に目を向けさせてくれます。たとえいま仕事が滞っていても、リソースの配分次第で改善できるかもしれないのです。自《おの》ずとその工夫を考え、実行するように自分自身を仕向けることができます。

リソースの効率的な配分には現在に至るまで長年開発されてきた、アルゴリズムを適用することもできます。そういう理由でも、リソースという観点は、組み合わせや順序を考えるプログラミング思考の勘所になります。

世の中の一部には、「やる気があればなんとでもなる」という神話めいた話があるようです。これは、リソースが無限にあるという錯覚によるものですが、実際にはそうはなりません。脳内物質という物理的な実体を持つリソースが、無限だということはあり得ません。ですから、「やる気があればなんとでもなる」といった信仰は潔く捨て、どうすればうまくリソースを配分できるのかを考えたほうがよいでしょう。

リソースの配分をベースに考えると、感情の起伏ややる気の減退にあまり左右されず、日々の仕事を進められるようになります。といってもこれは、意志の力が強まるという意味ではありません。感情の起伏ややる気の減退によって、使えるリソースが限られてしまっているときに、それに応じたリソースの配分ができるようになるということです。落ち込んだときも意欲が湧かないときも、リソースの配分という観点から、最小限の労力で仕事をすることで一つずつタスクを減らしていけます。

例えば、入試の結果を待っているときのことを思い出してみてください。どんなに優秀でうまくいった自信がある人でも、合格の知らせが来るまでは何も手につかないことがあったのではないでしょうか。心はざわついているけれども、次の試験のための勉強や面接・小論文対策をしなくてはいけない、そんな状況はよくあります。こんなときは、なかなか集中することができないものです。

なんとなく高揚してみたり、焦りを感じたりした状態のまま、いままで取り組んだことがない教材に手をつけたらどうなるでしょう。何か少しでも理解が及ばないところが見つかると、余計に焦りが募ります。普段なら何でもないことであっても、不安や緊張が邪魔をしてしまい、作業がはかどりません。これはもちろん、受験の結果待ちという環境的な要因によって、リソースが少なくなっているからです。

そのようなときにも、限られたリソースの配分という観点は有益です。単語帳を見直したり、関連しそうな新聞を読んで感じたことを書き留めたりするといった、最低限のリソースでできることなら、あまり気負わず、繰り返し取り組むことができます。

普段の仕事にも、リソース管理の考え方は応用できます。たとえ仕事が終わらなくても、そこで必要なのは落胆や悲観ではなく、リソースの再配分です。この事実さえ把握していれば、不必要に気負ってくたびれることはありません。ただ愚直に残りのリソースで最大限の効果を発揮するために工夫を凝らせばよいのです。

仕事に同じ二時間をかけるとしても、自分のことをリソースが限られた演算装置だと思えば、やり方を工夫できます。つまり、どのように自分の振る舞いをしくんでいくかに切り替えてみます。

もし、リソースがたっぷりあるなら、柔軟な思考が求められる仕事をして、新しい発想を探索するのがいいかもしれません。反対に、リソースが涸渇《こかつ》寸前なら、新しいことに手をつけるよりは、注意すべき範囲が狭い単純作業をしたほうがよいでしょう。

自分を原因と結果をつなぐ実体として据えることで編み出された手順の工夫が妥当なものであるかどうかは、実際にその手順がうまく機能するかどうかで判断できます。こういうと場当たり的なようにも考えられますが、ヒトの知性が環境との関わりという経験から構成されていくことを踏まえれば、それには実際的な確からしさがあります。

こうした考え方は、エルンスト・フォン・グレーザーズフェルド博士によって理論化され、知のラディカル構成主義として知られています。彼の哲学によれば、生命体が有する知性は、環境に確かに変化を及ぼせるか否かという実行可能性（viability）によって基礎づけられるといいます。基礎づけというのは、哲学用語で根拠がどこにあるかを論理的に特定することを指します。

つまり、この考え方では、実際にあなた（と道具の組み合わせ）が周りの環境を動かせるという事実によって、手順の工夫の妥当性は確かめられ、そうした具体的な「しくむ私」

と環境との関係性についての知見が蓄積されたものこそ人間の知性だということです。

環境に開かれていることを特徴とする、この現代的な知能観は、初めはとっつきにくいかもしれませんが、現実の生活空間での私たちの振る舞いを思い起こせば、納得できるところも多いのではないでしょうか。もし、このような内容に興味があるなら、人間ならではの学問を追究し、生の哲学者とも呼ばれたディルタイなどの書籍に触れるのをお勧めします。

さて、一度うまくいった手順でも、それがずっと続くとは限りません。

状況は常に移り変わっていますから、リソースと自分を取り巻く環境との関係において最適なものを選ぶのが理想的です。繰り返しによって処理のリソースを削減できるようになれば、その応用として、再配分もできるようになるでしょう。リソースの配分をあらかじめ決めておくのに慣れてきたところで、今度は時間経過のなかで配分の計画をし直すということも目指してみましょう。

これは、様々な分野で一流の人たち（適応的熟達者）が行っていることです。初めは仕事の全体像がつかめず、何もかも一生懸命取り組みがちです。でも、例えばまずは全体の八割程度を作って上司と状況を確認することが大事であることや、どんな形でも納期は守らなくてはならないといった仕事の勘所がわかってくるようになれば、そこにリソースを集中するように再度計画を立てられます。領域によって特色はありますが、リソースの有効活用という面では、どの人にも共通しています。

こうした発想の習慣化は、私たちの仕事の進め方をみるみる変えていきます。まず普段から仕事が全体として効率よく進んでいるかに気を配るようになります。さらにこれが身につけば、さほど意識しなくても、リソースの配分は適切かを適宜チェックしながら仕事の優先順位や割り振りを決めていけるようになるのです。

「一度に一つのことをする」で負荷を下げる

ここからは、有限なリソースで成果を最大化するために、誰にでもできる小技をいくつか紹介します。

これらの効率化の発想を支えるのは、「一度に一つのことをする」という基本原則です。

一般に、人は並列処理が得意ではありません。一度に複数のことを考えたり、覚えていたりするのが苦手です。これは、人の脳のしくみから生まれる特徴で、避けられません。一度にたくさんのことをしようとするのも、不可能とまではいえませんがどうしても多くのリソースを浪費してしまいます。

でも待てよ、と、思いましたか。もしかすると、あなたの周りには、一度にたくさんのことができる人がいるかもしれません。しかし、こういう方でも、処理自体は「一度に一つのことをする」という方式をとっているはずです。というのも同時にできるように見えるのは、一つのことをするときに、もう一方をうまく抑制・制御して、必要に応じて短い時間で切り替えているからです。これが巧みなのです。

巧みな切り替えができるのは、その人がご自身の分野において熟達化しているからです。ある手順に慣れて熟達化してくると、その行為に最小限の注意を払うだけで行えるようになります。これを認知科学では、自動的処理と呼びます。これにより、処理の切り替えに熟達した人は、一見すると超人のように、たくさんのことを同時にやっているように見えるのです。

「一度に一つのことをする」ための簡単な工夫は二つあります。どちらも周囲の環境をうまくアレンジするというものです。

一つ目は、中断してしまった作業にすぐに戻るための工夫です。

何かの作業に専念しようとしたときに限って、人に呼ばれたり、電話がかかってきたりするものです。一度中断すると、元の集中の水準に戻るのに二〇分はかかるといわれています。特に男性は、再度集中するまでに要する平均時間が長いという研究もあります。かといって、そもそも仕事の中断をなくすというのは現実的に難しいでしょう。ですから、中断した作業にいち早く戻ることを目指します。

その手段として、作業に早く戻るために、応答する反応を二秒だけ遅くして、目印をつけておくというものがあります。呼び鈴が鳴ったな、と思ったら、読み止《さ》しの本にしおりを挟むように、戻るべき作業の目印を置きます。数十分後の「自分」に伝えるものですから、ごく簡単なもので構いません。机があるなら、ペンやマグネットの位置で、戻るべき作業内容がメールなのか書類の整理なのか、あるいは、コーディングなのかデバッグなのか、すぐにわかるようにしておくとよいでしょう。たったこれだけのことですが、この二秒を設けなかった場合に比べ、作業への戻りやすさは格段に高まります。

二つ目は、作業中にほかの仕事の内容が目に入らないようにするということです。別のファイルやソフトウェアが視野内にあると、本人は意識していなくても、注意に作用して確実に集中を妨げます。これを適切に避けるのも、「一度に一つのことをする」うえで効果があります。

私の仕事場では、二台のモニターのうち、一台はいま作業中の内容だけが表示されるようにしています。それ以外のメールソフトやいま開いていないファイルなどは、すべてもう一台のモニターで確認するようにして、作業しているあいだは目に入らないようにしています。こうすることで、ちょっとしたことが気になって、思わず別のファイルを開いてしまう、というよくある無駄を省いています。

いま紹介したのは、見聞きしたことのうち、目から入ってくる情報を優先して処理している視覚優位の人のための方法ですが、同じ発想は耳から入ってくる情報を優先して処理している聴覚優位の人にもできます。耳に入ってくる音を制御すると、それだけでも、気が散らなくなるという効果が期待できます。

作業を見直して効率を上げるリファクタリング

有限なリソースで成果を最大化するための重要な考え方として、改善によって内部の効率を高める「リファクタリング」が挙げられます。

多くの職場では、現状維持が志向されているのではないでしょうか。現状維持も、配分しなくてはいけないリソースが当面は増えないという意味では有益です。実際、プログラマが大事にしている教えに、「安定して動作しているところは、下手に手を加えない」というものがあります。

そうはいっても、作業を見直し、改善することが場合によっては必要になります。もし改善によって段違いの高効率を生むのなら、たとえ一時的には効率が落ちたとしても、ぜひやるべきです。

このような仕事の見通しをもって、同じ作業を再現しつつ内部の効率を高めることを、プログラミング言語で、リファクタリングと呼んでいます。

リファクタリングで忘れてはいけないのは、周囲との関係は保ったまま、内部の効率を高めることです。でないと、少し変えただけのつもりが、その影響がいろんなところへ波及してしまうと、最悪の場合にはすべての仕事の流れを止めることになってしまいます。

単純なリファクタリングの方法には、手順の工夫があります。それは、二度手間が起こらないように順序を変えたり、反復を見つけて個別に考えなければいけない部分を減らしたりすることとです。リソースの浪費を抑えられるように、このときも「一度に一つのことをする」という観点から、手順を整理します。

例えば、メールがたくさん来て返信に時間がかかるなら、「メールを重要度別に分類すること」と「メールに返信すること」を分けます。仕分けるのには、メールソフトにある星マークなどの目印を使うことができます。

私は簡潔に返せるものだけをピックアップして先にすべて返信してしまいます。残った重要なメールへの返信は別に処理します。多くの場合、重要なメールはよく考えるべき事項ですし、問い合わせをしたり、上司の意見も聞かなければならなかったりすることも多いので、後回しにして時間をかけて文面を作って返信するのです。

このような簡単なソートと簡潔な返信だけで、全体の半数以上のメールが片付きますし、そうすればメールソフトの画面を開く回数も半減します。何より、「この後にもたくさんのメールに返信しなくてはいけない」という絶えず負荷がかかり、結果的に多くのリソースを浪費してしまう精神状態を避けることもできます。

もっと効果の大きいリファクタリングもあります。それは、より効率がよくなるように、いまある道具を基に新しい道具を自作するというものです。

職人を取り上げたテレビ番組などで見かけたことはありませんか。手練《てだ》れの左官は壁材に合わせて鏝《こて》を選ぶだけではなく、自ら道具を作っています。誰かに作ってもらうこともできるでしょうが、自分が手掛ける仕事の種類や自分の癖に合わせて作ることで、既製品ではどうしても出てくる無理や無駄を削《そ》ぎ落としているのです。

道具を自作するのには時間がかかりますが、道具ができあがってしまえば一つひとつの作業にかかるリソースを削減することができます。道具は使い回すものですから、一つの工夫がその後の作業のあらゆるところに波及して、全体が効率的になります。

これも一種のリファクタリングといえるでしょう。

この意味では、プログラミング言語を用いた問題解決でやっていることは、道具の自作に尽きるといってもいいでしょう。プログラマの多くは、使い回すことができる部分を組み合わせて、新しい機能を実現していきます。一から作り直すスクラッチ開発と呼ばれるやり方をすることはまれで、多くの場合、動作が確認されているプログラムを活用します。具体的なプログラムの例としては、データの入出力やソートなどがあります。特に、第二章でも述べたデータ構造とその探索などの機能は、非常に汎用的なので、すでにあるものをいくつか組み合わせて、新しい機能を持った道具を作ることがよくあります。

そうはいっても、業務は趣味ではありませんので、道具に凝り過ぎて、かえって作業の効率が低下してしまっては本末転倒です。

そういう私も、かつて学生証のＩＣチップを使った出席管理システムを作ろうとして失敗したことがあります。以前の職場では、出席管理業務に大変な労力がかかりました（第一章参照）。そこで、ＩＣ付き学生証のシステムを管理・運営している工学部の先生とお話をして、実証実験を試みました。しかし、運用しようとすると、講義情報の登録や休講といった事態への対処に労力がかかり過ぎて、実現はなりませんでした。新しい道具を作ることがかえって効率を下げてしまうことがあるので、リソースの費用対効果を考えなければいけないというのは、いまもよい教訓になっています。

特に、スキルのある人は注意が必要です。いろんなものを自作できることが仇《あだ》になることがあります。どんな道具でも作れるとしても、その気持ちはぐっと抑えて、効率化を図るという範囲内のことだけを考えるのが肝要です。あくまで自分自身を客観視して、自分のこともリソースだと割り切ることが、効率的な仕事につながります。

本章では、「自分自身という身近な存在もまた道具だ」という少し突飛な発想によって、自分自身のこともリソースとして捉えられることを説明しました。そして、有限なリソースで成果を最大化するための工夫を示しました。

次の章では、自分自身に加えて、周囲の環境までプログラミングしていくという発想に基づいて、学びに自分から巻き込まれていく、という新しい観点を論じます。

第四章　「しくむ私」が織り込まれた環境を作る

使い回しから習慣が生まれる

ここまで、プログラミング思考について、よい点ばかりを述べてきました。プログラミング思考は汎用的ですが、便利なところだけに気を取られていると、思わぬ落とし穴に陥ってしまうことがあります。

プログラミング思考が効率化を生むのは、健全な使い回しという工夫ができるからでした。つまり、一度創り出した手順を当てはめることで、たびたび考えるための手間を減らし、メンタル・リソースを節約することにつながります。

もちろん普段の仕事や勉強においても、使い回しは便利です。例えば、定期的に送るメールは、テンプレートを作っておけば、その都度文面を考える必要はなくなります。こうした工夫は、すぐに効果を発揮します。

ところが、その意味を考えずにただ使い回してしまうと、ときに予期せぬアクシデントを生んでしまいます。いまの例でいえば、責任者の確認を取らなければいけないのに、メールだけで済ませてしまったとか、個別の対応が必要な内容なのに、普段のテンプレートを使ってしまったというミスが起こります。

この程度であれば、すぐに気づくことなので対処できます。一方で、当たり前になりすぎたために、問題があることに気づくのさえ難しい場合があります。それが、無自覚な使い回しの弊害です。

その根本的な原因は、ヒトの認知の癖にあります。その癖とは、ある手順を繰り返し使っているうちに、使うことが無条件に肯定されて、なぜそのやり方が選ばれたのかに無自覚になっていくというものです。

こんな事例から、その癖がわかります。

いまは年始の恒例となっている年賀状も、かつては一般的ではありませんでした。江戸時代までさかのぼれば、年始の挨拶といえば、普通は顔を合わせて行うものでした。このような習慣は、いまでは噺家の世界くらいにしか残ってはいないかもしれませんが、本来のやり方でいえば、お世話になっている方の家に出向き、顔を合わせて「本年もよろしくお願いします」と挨拶します。

伝達手段が発達してきて、付き合いが広くなると、挨拶の相手は町内だけでは済まなくなってきます。そうして、代替手段として年初めの手紙が使われるようになりました。さらに、これが大衆化して、挨拶ははがきでもよい、という流れができました。そして、おなじみの年賀状に代わりました。

江戸から明治を生きた人たちにとってみれば、はがき一枚で挨拶に代えるのは、失礼とまではいかなくても、略式の礼だったはずです。

ところが、私たちはそういう感覚をもはや感じることはありません。どちらかといえば、丁寧な礼法のように思えます。

本来は略式だったという感覚を持てなくなって寂しいとか、残念だということを主張したいのではありません。この話の旨意は、同じ構図が形を変えていまでも起こっているということです。

ネットを使った挨拶は数年前まで携帯電話でのメールが主流でしたが、ここ数年ですでにＬＩＮＥなどのアプリを使った方式が主流になっているのではないでしょうか。

私を含む昭和世代から見れば、アプリを使った年始の挨拶は、少し違和感があるやり方で、失礼とまではいかないものの、略式のものだと感じてしまいます。しかし、私たちが当たり前だと思っている年賀状も、同じように元は略式の挨拶だったのです。

ここで重要なのは、これまでやってきたことがうまくいっているあいだは、私たちはなぜそのやり方を選んだのかを振り返ることはまれだということです。ヒトには、ある方式でやり続けていると、それが当然のように感じて、必然性があると思い込んでしまうという性質があるのです。

年賀状の事例では、このような思い込みもさほど問題にはなりません。年賀状を送り合う人同士が納得していればそれでいいことです。しかしながら、仕事の場面で実利を重んじるときには、無自覚な使い回しに対して、冷静に点検し、必要があれば修正することが求められます。

無自覚な使い回しに問題点が見つかり、適切に対処された数少ない例に、看護師の帽子、ナースキャップがあります。

一九九〇年代の終わりまで、看護師は仕事中いつもナースキャップをつけていました。しかし、ナースキャップには、弊害があることがわかってきました。まず、洗う頻度がそれほど高くないので、感染症の経路になるリスクがあります。また、点滴の管に引っかかるなどの事例も知られてきました。こうした理由から、エビデンスに基づく医学を目指す流れのなかで、現在では多くの医療機関で廃止されました。

ナースキャップを廃止するという決断は、勇気が要るものだったことでしょう。

というのも、看護学校では、病棟実習に出る前に、学生がナースキャップをかぶせてもらう戴帽式を行っていました。この伝統は、形を変えながらいまも続いています。ですから、看護師にとって、ナースキャップは看護の理念を象徴するものにほかなりません。そういった象徴的な意味があるにもかかわらず、現場での必要性をきちんと点検し、問題点に鑑みて廃止するということは見習うべきところです。

思い入れや象徴的な意味があるものをやめるのは、簡単なことではありません。そのやり方に慣れ親しんできた人たちが、「あえてやり方を変えるほどのことではない」と抵抗感を抱くことも十分に予想されます。

ですから、会社や組織では、よっぽど実利を重視する風土がなければ、すでに慣習になっているやり方を刷新することは難しいでしょう。結果として、現状にそぐわない非効率なやり方が続くことになります。

使い回しは、ときどき点検し改善をすることで、健全なものになります。無自覚な使い回しを避けるために、実利を重んじるという共通の理念を持つ必要があります。

環境に働きかけるプログラミング思考

プログラミング思考を発揮して、仕事を効率化する際に、一人ひとりがどのように仕事をするのかという「個人」の問題を念頭に置いた議論を行ってきました。特に第三章では、自分自身を演算装置として捉え、いつもの仕事を定式化することで、最低限のメンタル・リソースで仕事が進むということを示しました。

しかし、プログラミング思考のもう一つの重要な側面として、周囲の「環境」に適用するという見方があります。ここで環境といっているのは、簡単にいえば、自分を取り巻く多くの人たちのことです。

江戸時代の年始の挨拶の手順を、年賀状という手順に置き換えたことは、簡略化に成功した事例として見られます。一方、ナースキャップの廃止も、医療従事者たちが象徴的な意味より実質的な価値を重視したことで達成されました。これらの例は、どちらも個人で完結する話ではありません。新しいやり方が、集団や組織内の行動の様式として、共有されていったことを示しています。

私たちの生活に会社や組織はつきもので、何から何まで一人きりで行う活動はありません。極端な話をすれば、無人島での一人暮らしでもない限り、周囲の人たちとの関わりのなかで仕事をしています。それは、フリーランスでやっている人も、社長一人だけの会社を立ち上げている人でも同じです。そのような方々にも取引先や顧客がいるからです。

こうした関わりのなかで、プログラミング思考を発揮する場合を考えてみましょう。

環境に働きかけるプログラミング思考の基本的なアイディアは、自分の周囲の人たちも演算装置として捉えるということです。自分自身のことも演算装置だとする考え方の延長として、その範囲を広げてみます。

誤解を危惧しながらも、あえていえば、部下は上司が定めた手順で動く演算装置だということです。もちろんこれは、何でも好き勝手に命令できるということをいっているのではありません。部下とは、上司の定めた手順で動く存在だということを意味しています。

しかし同時に、落語でもよく「使う者は使われる」の言葉があるように、上司もまたある意味では部下によって成り立つ演算装置であると考えることができます。

環境に働きかけるプログラミング思考とは、自分だけではなく、周囲の人が仕事を進める手順を工夫し、職場全体の効率を高めていくことです。

上司の行動が生み出す規則

上司は、役職に付与された様々な権限を持っています。部長や課長が、部署での行動を判断し、決定を下すという意味です。

また、上司はそうした権限のほかに、職場に規則を作り出す権力（パワー）を持っています。こうした規則は、普段はあまり明示的ではないのですが、それでも職場内での仕事の手順を支配しています。部下のことを上司が定めた手順で動く演算装置だというのは、よくも悪くも、上司の判断や行動が、部下たちが働く際の手順を規定するということを意味しています。

例えば、商材や仕入れ内容の企画を発案する部署で考えてみましょう。A氏がトップにいると、幅広く展開することがよしとされていて、企画の量が重要視されます。ところが、トップがB氏に入れ替わると、数は少なくても業界内でインパクトの強いものを厳選することがよしとされて、企画の質が重要視されます。

同じ部署でも、上司が替わることで方針ががらりと転換することはよくあります。こうした状況では、たとえ同じメンバーが働いていても、トップに立つ人によって全く違う企画会議が行われることになります。つまり、上司の方針やそれを反映した行動がその組織のルールを規定してしまうのです。

部長や課長は、企画会議のトップとして、初めからこうした方針を明言してくれる場合もあります。しかし、そういうことばかりではなく、企画が通る・通らないということから、部下が部長や課長の好みを学習していくという場合もあるでしょう。どちらの場合にも共通していえることは、上司の指向性が部下の企画を方向づけ、部署内でのローカルなルールができあがっているということです。

プログラミング思考の観点に立てば、上司の立場にある人は、このルールを意図して使わない手はありません。意図的にルールを運用することで、同じリソースでも効率的に仕事をこなせます。

簡単にいえば、上司が思い描く最適な仕事の流れや手順を、組織の共通のルールとして宣言するのです。こうすることで、部署のメンバーに対してどのように動くことが期待されているのかを示すことができます。

このような考え方は、普遍的なものです。プログラミング言語でも、一つひとつの演算や結果を描画するといった具体的な作業はメソッドと呼ばれています。そうしたメソッドを、どんな対象にどんな組み合わせで当てはめるかを定式化したものを、クラスと呼びます。上司が企画会議に際して、資料の準備やプレゼンの仕方を方向づけるというように、仕事の手順に対して共通のルールを宣言するというのは、このクラスを宣言することに相当します。もし、クラスを宣言しないと、関連のあるメソッドでも、個別に記述していく必要があるので、記述に一貫性がなく、見通しが利かないプログラムになってしまいます。

同様に、仕事のなかでも、宣言するルールを手続きに焦点化することが大事です。というのは、組織に共通するルールは、単に方針を示すようなものでは、抽象的になってしまうからです。例えば、「社会に貢献する」といった社訓が明言化されていたとしても、その言葉の意味をどう捉えるかは、社訓を読む社員次第です。ですので、一連の作業のつながりである手続きとして宣言する必要があります。こうした宣言によって、単に内容を明確化できるだけではなく、複数の仕事に対して、関連づけられた一貫した手順で進めることができます。

さらにいえば、企画会議での上司の好みのように、推測して初めてわかるようなルールは、なおさら捉えどころがありません。上司の態度や行動をどう解釈するかは、部下によって違うからです。

ですから、私は手順の組み合わせをするときの優先事項や工夫の仕方として、ルールを宣言することを勧めています。具体的な手順ベースで決めることで、上司のルールを職場で共有しやすくなるのです。そうした工夫が必要になる理由を、順に説明していきます。

見ればわかるの暴力

手順を共有する際には、手順を口頭で表明したうえで、上司と部下のあいだですり合わせが必要です。こうしたすり合わせが必要なのには、人間の思考の癖が関係しています。

その癖とは、自分と同じようにほかの人も考えているという（少し不正確で）楽観的な見方をしてしまう傾向です。

長く社会人をしていれば、上司から「なぜこんなこともわからないんだ」と言われたこともあるのではないでしょうか。この叱責の形式をとった質問は、プログラミング思考の観点からいえば無意味です（心理学的には、部下をおびえさせパフォーマンスを下げるので、害悪でさえあります）。

この言葉で上司が主張しているのは、現在置かれた状況で「私が考えるように考えること」が自明だということです。また、上司が強い口調でいう場合には、ぴったり一致する考えを持つべきだというニュアンスも含まれています。

この主張の一番の問題点は、この質問の「なぜ」には、どんな部下も答えられないということです。この質問に部下が答えられない理由は単純で、いわば上司が見ている世界と部下が見ている世界が異なるからです。それは決して部下の能力が足りないからではありません。その証拠に、同じ状況は、皮肉にも部下の能力が十分に高い場合にも起こります。

上司の乱暴な主張を支えているのは、「していることを見ればわかる」という思い込みです。

しかし、「していることを見ればわかる」という考えが妥当ではないことを示すこんな実験があります。

スタンフォード大学の大学院生エリザベス・ニュートンによる実験では、次の手続きで曲名当てクイズが行われました。まず実験参加者を、指で机を叩く人（タッパー）とその音から曲名を当てるリスナーに分けます。

次に、タッパーはアメリカ人なら誰でも知っている有名な二五曲から一曲を選び、音楽を聴きながらタップします。リスナーはそれを聞いていて、曲目を当てるよう指示されました。

実験の結果、リスナーが正答できたのは一二〇試行中三試行だけ、つまり正答率はわずか二・五％しかありませんでした。これはタップの情報だけで曲を当てるのは、かなり難しいことを示しています。

しかしながら、正答率が低いことよりも、もっと重要なことをこの研究は示しています。それは、タッパーは「していることを見ればわかる」と強く思い込んでいるということです。

実験者が、タッパーに正答率を予想させたところ、参加者の平均は五〇%でした。つまり、タップして曲を伝える側の人間は、リスナーが半分くらいの曲で正解するだろうと見積っていたことになります。ところが、先に述べた通り、実際には二・五%しかなかったのです。「していることを見ればわかる」という判断に対して、正答率はその二〇分の一しかありませんでした。

そうしてみると、「していることを見ればわかる」というのが、極めて楽観主義に立った考え方だとわかります。

この知見は、「何をしたいかを読み取ってくれるだろう」という思いとは裏腹に、周りの人はその意図を正確には読み取れないということをはっきりと表しています。ほかの人が何をしようとしているのかを、その行為から読み取ることは容易ではないのです。

上司が見ている世界と部下が見ている世界が異なるとは、例えば、こういうことです。

上司はこれまでの経験から得た知識もあり、会社がどのように回っているのかについても知っており、どこに働きかければ効果的に仕事が動いていくのかという方法論も経験的には知っています。上司は部下よりも広い範囲を見て、知識を使って判断しているということです。一方、部下は上司に比べれば経験は乏しく、会社に関する経験則も豊富ではありません。部下は、すでにしたことがある仕事なら手順もわかりますが、それが会社のなかでどのように位置づいているかまでは知らないことも多いでしょう。

そんななかですべてを読み取り、上司の世界から見ることと同じことをせよというのは、無理筋の要求です。そんなものは、お釈迦様《しゃか》が蓮《はす》の華《はな》を拈《ひね》ったとき、その意味を察した弟子の迦葉《かしょう》だけが微笑したという、そういう逸話に残るほど奇跡的な出来事なのです。

これをあえてプログラミング思考の発想に搦《から》めていえば、次のようにいえるでしょう。どのようなやり方でやるのがよいかについては、上司の頭のなかにはありますが、それを具体的な行動として見せたり、指示したりしていないので、その方法は現実にどんな方法なのかわかりません。せめて、何かの方法でやったときに、先ほどよりちょっといいとか、かなり悪いといったフィードバックを与えてくれていれば、機械学習と同じやり方で部下も学ぶことができますが、「なぜこんなこともわからないんだ」という質問をしている時点で、そうしたフィードバックの必要性にも気づいていない可能性が高いでしょう。

上司が具体的に示すこともなく、フィードバックもなくでは、部下はいつまで経っても学習することはできないのです。

フローチャートで知識の呪縛から脱する

では上司が、「なぜこんなこともわからないんだ」と心の底から叫んでしまうのは、なぜでしょうか。それは、上司と部下のあいだに、物事を考えるために使える知識量に差があるからです。

様々な経験を経て知識を持つ者は、その経験・知識をうまく人に伝えられるように思えます。しかし、必ずしもそうではありません。むしろ、知識が多くあると、それに縛られるということが起こります。自分より知識がない者に対して、「なぜわからないのか、わからない」ということが起こります。

こうした現象は、「知識の呪縛」と呼ばれています。

「なぜわからないのか、わからない」わけですから、自分が考えていることも、うまく説明できません。熟達者になるほど言葉ではうまく説明できないということは、スポーツや芸術など様々な分野で見られます。したがって、あなたの上司にだけ現れた特殊な事態ではなく、人が多くの知識を得るようになると起こる普遍的な現象だといえるでしょう。「していることを見ればわかる」という思い込みから脱却して、指示内容とその文脈をきちんと部下に伝えるのに役に立つ実践的な教えがあります。それが、手続きに焦点化することです。つまり、仕事がどのような作業の組み合わせで、どんな順序で行われるのかに着目するということです。

上司が持っている仕事の流れを具体的な手順の形で表現するときには、フローチャートを使うことを推奨します。

第一章でも述べましたが、フローチャートとは、作業と作業の関係を示したもので、流れ図とも呼ばれます。フローチャートを使えば、詳細を捨象して、作業の流れを記述することができます。この性質を利用して、プログラミング言語でコードを書く際に、アルゴリズムを整理して流れをチェックしたり、複数の人で流れを共有したいときに利用されています。

フローチャートは、処理内容を表す四角および条件文を表すひし形を、矢印でつないだものです。矢印は、単純に線（流れ線）で書かれることもありますが、これも処理が上から下に行われるという「順次」の原則で解釈すれば、間違いはありません。

たったこれだけのことですが、作業内容を組み合わせて複雑な内容も表すことができます。

例えば、先の企画の例なら、「質を高めよ」という抽象的な指示ではなく、次のような具体的な手順を示すことができます（以下、表記の都合上、四角を［　］で表し、ひし形を〈　〉で表すことにします）。

相手が企画をするのに慣れていない部下なら、［市場調査の結果を参照する］↓［企画案を挙げる］↓［企画の強みを挙げる］↓［企画のリスクを挙げる］↓［案を上位二つに絞る］という手順を示すことができます。このように、［　］の中には処理（作業）内容が入りますから、常に目的語を取る動詞が入ります。

さらに条件として、〈企画のリスクの対策はあるか〉を加えて、分岐をさせることも簡単にできます。その場合には、もし「対策がある」と判定されたら、そのリスクを除外し、もし「対策がない」と判定されたら、リスクは考慮する事項に残しておくということです。

今回は簡単な例を出しましたが、もちろん部下の理解の程度に応じて、どこまで込み入った指示を出すかを変えることもできます。

このフローチャートを使うことで、部下への指示は極めて具体的になります。

これはもちろん、部下にとっては仕事をしやすくなってうれしい限りですが、上司自身にとっても有益です。それは、自分がどんな指示をしているのかに自覚的になるからです。

上司が仕事の流れを客観的に扱うようになると、部下や同僚と仕事の流れを共有することができますし、途中でメンバーが替わるという事態が起こっても、どの部分を補えばよいのか明確になるのです。

このように、フローチャートを使うことは、主観的な好き嫌いで決まりがちな人間関係を、手続きのつながりで規定される人間関係で捉えるという新たな視点を与えてくれます。

部下は、あくまで自分から見える範囲で、部分的な最適を目指してしまいます。初心者には全体像が見えていないのです。経験が浅く、権限も与えられていない部下にとっては仕方のないことです。こうした特性があったとしても、フローチャートを使えば、そうしたなかでも、部下が仕事の流れをおおまかには把握できるように促せます。

部下が動いてくれなくて、ついつい感情的になりがちなところでも、フローチャートに記された手順ベースの指示をすることで、客観的に仕事の内容とその意義を示すことができます。

上司がすべきなのは、それぞれの部下がどの部分は見えているのかを意識することで少し俯瞰して把握し、全体として最大のパフォーマンスが発揮できるように、人員や時間の差配をすることです。とはいうものの、こうした手続きベースの差配は、あくまで効率を高めるためのものであり、感情を捨てるためのものではありません。何の工夫もしなければ、情緒的な結びつきだけに振り回されてしまうことを未然に回避するための方略だと考えてください。

自分とは見え方が違っている部下に対して、よく理解できるように話して、納得を共創するスキルが、いまはないとしても嘆くことはありません。

子が育っていくのにつれて親が親として成長していくように、上司も部下に教えることで上司として育っていけばよいのです。それが上司としての成長です。

職場での実践的な学びに役立つ認知的徒弟制

ここまで、上司の立場からプログラミング思考を活かす方法について述べました。それに対して、部下の立場から活かす方法もあります。

部下は、単に権限が付与されていないというだけではなく、仕事に必要となる技能をまだ十分に身につけていなかったり、職場や業界についての知識が十分ではない可能性があります。自分がそうした部下の立場なら、個々の仕事をこなしながら、仕事のスキルを伸ばして、学んでいきたいと考えるでしょう。そこで参考になるのは、他者との関わりのなかで生じる熟達です。

他者との関わりのなかで生じる熟達は、自分一人で道を究めようとする個人での熟達とは違い、その道の先人である師匠について修業するようなものです。修業といえば、伝統芸能をまずはイメージするのではないでしょうか。落語はその代表例で、いまでも徒弟制が残っています。

落語の世界では、めでたく入門が認められ挨拶が済むと、前座と呼ばれる身分になります。ところが、一般の方が思い描いているよりも、実際に客前で話す機会は多くありません。

前座の主な仕事は、楽屋での師匠方のお世話を始め、自分の師匠の荷物を運んだり、師匠の住まいの掃除をするというものです。そうした定期的な仕事だけではなく、頼まれれば、遣いに出ますし、犬の散歩もします。とにかく、師匠が「やれ」と言ったことをすべてやる、というのが前座の仕事です。

そういったことをこなしながら、たまに高座に上がる機会が得られます。ただし、寄席の前座は、公式には公演プログラムに入っていません。前座という呼び名も、開演前に時間をいただく身分で、お客様のご厚意で聞いてもらっている、ということにちなんでつけられたものです。

弟子入りしたからといっても、師匠から手取り足取りの指導はありません。初めに一つ、二つ噺を教わると、完全に師匠のようになる意気で、呼吸から所作まで真似ます。ごくたまに師匠から言われるのは、高座から下りるときに一言、「拙《まず》い」「ありゃないよ」くらいだといいます。それ以外は、自分で落語をしては考え、考えては落語をしてというのをひたすら続け、一〇年、二〇年というスパンでじっくりと芸を醸成していきます。

残念ながら、ほとんどの職場において、上司も部下もそこまで待つことはできません。ですから、徒弟制のよさを活かしながら、短い期間で学びを保証する学習システムが求められてきました。

そうした要請に応えるために一九九〇年代に考案された学習システムが、「認知的徒弟制」です。認知的徒弟制は、伝統的な徒弟制の師匠と弟子の関わりを通した学び方を、問題解決の手段を考える思考や具体的な操作の方法の習得に応用したものです。

認知的徒弟制での学びは、学校教育の学びとは違った教え手と学び手の関係性があります。それは、弟子一人ひとりの状態に応じて、師匠の働きかけ方が変わるというものです。認知的徒弟制では、師匠に当たる上司や教師の働きかけを次の四つに類型化しています。それは、モデリング、コーチング、スキャフォルディング、そしてフェイディングです。

モデリングというのは、弟子（学び手）に師匠（教え手）のやり方を観察させて、学ぶ内容を理解させる段階です。次の段階で行われる、コーチングでは支援の下で弟子にやらせ、明確なアドバイスを与えて課題の理解を共有します。

さらに、スキャフォルディングでは、弟子自身でやらせることで責任を持たせ、主体的に関わるように促します。このとき、支援は最小限に止めることが原則です。最後にフェイディングとは、支援を次第にゆるめていき、弟子自身が判断して行動できるように促す段階です。

このように、認知的徒弟制では、手順を進めるときの主体性が、師匠の側から弟子へと次第に譲り渡されていきます。弟子からすれば、初めは師匠がしていたことを自分が主体になって行うことで、その手順を遂行するのに必要な技能を身につけていくというしくみになっています。

現在ではコーチングだけが取り沙汰されることが多く、また独自の発展を遂げていますが、認知的徒弟制の考えに基づけば、その前段階では真似をすることも重要ですし、またその後段階では、見守りながら自分でやってみる体験を繰り返すことも大事だと指摘されています。

山本五十六《いそろく》のコトバとして伝わる「やってみせ言って聞かせてさせてみてほめてやらねば人は動かじ」という名言も、こうした認知的徒弟制の基本的な考え方を先取りしたものです。短い言葉で核心をついているところは、見事というほかありません。

現在では、認知的徒弟制は、数学や読み書きといった一般科目の教授法としてだけではなく、看護師や会計士、工学などの分野で専門科目を教える際にも有効な教育方法だとして取り入れられています。

組み合わせに注意して認知的徒弟制をしくむ

認知的徒弟制を取り入れる際に見逃しがちな、しかし重要なポイントは、指導者や教育係には、達人レベルの人よりも熟練者レベルの人のほうが適しているということです。

達人レベルになると、一見目立たないようなことも含めて、物事の実に様々な側面から情報を汲み取り、判断や行為に反映させています。このため、どんな思考プロセス・身体プロセスを経て、その結論に至ったかを口で説明することは達人にとっても容易ではありません。加えて、達人レベルともなると、自分が初心者の思考の癖や偏りを脱却してきているわけですから、初心者のモノの見方というものはすでに忘却の彼方《かなた》にあります。思い出すことさえ困難ですから、達人が初心者に合わせて語るというのは至難の業です。

ですから、達人の言葉は初心者には、「何かすごいことに触れているんだけれども、その意味するところは一向にわからない」という感覚をもたらします。

落語を含む芸事では、そうした名人の言葉に必死に食らいついていくことが必要で、名人の言葉が意味するところを、弟子が自分の身体を使って理解することが熟達化のカギだといわれていますし、私自身もそうあるべきだと思います。

しかし、多くの初級者が成長していかなければならない様々な種類の職場にあっては、初級者に合わせて指導者のレベルを下げることが、組織全体としてよい成果につながります。

レベルを下げるという表現に、ネガティブな印象を持ったかもしれません。しかし心配は要りません。初級者はいつまでも初級者ではありませんから、少し仕事が見通せるようになったら、指導者のレベルも上げるようにすればよいというだけの話です。

一方、初心者の指導から解放された達人レベルの人には、最前線で最も創造的な仕事を任せ、自由なやり方で高みを目指してもらうことにしましょう。

これが結果として、職場全体としてよいパフォーマンスにつながります。個別のパフォーマンスを最大化して足し合わせようとする発想では、効果があったとしても、それは線形にしか増えていきません。これは期待された仕事以上のことはできないということです。それに対して、熟達の段階を考慮して、各人がそのレベルにあった力を発揮するように組み合わせを変えるだけで、集団として期待以上の、つまり非線形の効果を生みます。

これは全体最適を目指す考え方です。

こうした相性の問題は、情報科学の分野では、二次割当問題として定式化されています。その知見として、元のリソースの総量は同一であるにもかかわらず、組み合わせ方次第で生産性や効率が何倍にもなることが確かめられています。

ここでの何倍にもなる、というのは比喩ではありません。実際の数値として何倍にもなります。ですから、これだけの効果が期待できることを導入しないのは、賢くない判断だというより、もっと積極的にいうべきで、愚かに尽きます。

部下の立場で関わり方をチューニングする

通常、上司（や教師）が働きかけを変えるきっかけを作るのは、やはり上司（や教師）だと想定されています。もちろんそのことは重要なのですが、上司には上司なりの考えがあり、そのように振る舞ってくれるとは限りません。ですから、状況を変えていくには、部下がきっかけを作り、上司との関わり方を変えるという発想も役立ちます。

つまり、部下のほうから関わり方をチューニングするのです。チューニングといっても、「一方的に変えてやろう」ということはできません。双方の関わり方の問題なので、上司だけを変えることはできません。無理に何かさせようとすれば上司の逆鱗《げきりん》に触れるでしょうし、かといって何もかも下手に出ればよいというものでもないでしょう。ここでは、その代わりとなる見方を提案します。

上司に教わるときには、教えてもらう内容ばかりに注目しがちですが、どのように教わるかを意識し、調整します。こうすることで、上司に教わる際の関わり方のレベルを、部下のほうで意図的に使い分けるようにするのです。

例えば、「稟議書《りんぎしょ》は完全に初めて作成するので、上司から例を示してもらい、（認知的徒弟制でいう）モデリングで学ぼう」と考えるような場合がそうです。ほかにも、「企画書はすでにいくつか見たことがあるので、ある程度作ったら具体的な指示を受けられるように相談して、コーチングを受けて学んでいくことにしよう」という思惑を持つことができます。

自ら学ぶ環境を作り、そこに関わっていくという意味では、「学びの環境に巻き込まれていく」ともいえそうです。こうした学びを通して、仕事の文脈を真の意味で理解できるようになります。

いま紹介した「学びの環境に巻き込まれていく」という、部下の側からできる成長の方略は、文脈のなかに生きる道を見つけることにほかなりません。それは、いわば職場と自分がどんな模様を織りなすのかを試し、探すということです。

文脈《コンテキスト》という言葉を語源までたどってみると、それはcontexture（織り上がったもの）に通じます。文脈《コンテキスト》とは、本来複数の糸筋が一つに織り込まれたものであり、その糸筋の一つがあなただということです。学びの環境に巻き込まれていくという発想に基づけば、周囲との関係性を眺めて、自分は会社の文脈のどの位置にいてどんな色味を出すのかを、あなたが調整していくことができます。

こんな見方は、自分がどのように学んでいくのか、その手順を自ら工夫するという新しい視点を与えてくれます。かつて公教育のなかに伝統的な徒弟制のよさを組み込もうとして開発された認知的徒弟制ですが、この発想があれば、プログラミング思考に組み込むことで、認知的徒弟制は学びの手段の一つになります。

佐平次に学ぶ関係調整の機微

部下が上司の働きかけを引き出すときの機微を知るのに役立つ落語に『居残り佐平次』があります。この噺の主人公、佐平次の振る舞いは、大変参考になります。といっても佐平次を真似しようという意味ではありません。佐平次といえば「出しゃばり」の意味ですから、佐平次を自認しても、口に出すのはよしたほうがよいでしょう。

ネタバレになってしまいますが、『居残り佐平次』はこんな噺です（セリフの表記には、『圓生古典落語1』三遊亭圓生《えんしょう》著、集英社文庫、一九七九年所収を用いました）。

佐平次は品川の遊郭でさんざん遊んだ翌朝、玉代を払う金がないと開き直ってしまいます。そうして、金の用立てができるまで居残りということになります。

本来の見どころは、どうやって居残りを抜け出すかにあるわけですが、ここでは、佐平次の周囲の人との関わり方に注目して紹介します。

忙しくしている妓楼《ぎろう》では、刺身が届いたのに醬油《しょうゆ》がないと客が呼んだところに佐平次が「へい。お刺身の醬油《したじ》を持ってあがりました……」と気が利くところを見せます。初めは客に「伺ってますよ、えェ。暇《ま》があるとね、花魁があァたのお惚《のろ》け……」と伝えて、花魁が客に惚《ほ》れているのだと、わかりやすいヨイショをします。

こうして二階の手伝いをしているうちに、遊女のなかには手紙を書く者がおります。遊女がいうには、客に内緒の手紙を届けるのに、女の筆跡で宛名が書いてあるとお内儀にばれて困るので、男の筆跡が欲しいのだそうです。そういうときに佐平次はさっと代書します。暇の慰みに何か余興はないかいと言われれば、佐平次は小咄《こばなし》もしてしまいます。「器用ねえ、感心したわ」と言う遊女に、こんなに器用なら手先も器用でしょうと、ちょっとした修理を頼まれたりするようになります。

佐平次は、ちょっとしたことに何でも応えることで、最終的には旦那が重宝がって、店にこのままいてくれるとありがたいという立場にまでなっていきます。もちろん、当の佐平次は居残りのままです。

そうこうしているうちに、佐平次ばかりが客に贔屓《ひいき》されるようになると、店の若い衆はそれを苦々しく思うようになりました。そこで、旦那に佐平次を妓楼から帰してくれと直《じか》談判《だんぱん》します。この後巧みに居残りを解消する件は、落語をお聴きになっていただくとして、今回の眼目である佐平次の関わり方の変化を見てみましょう。

まず、佐平次はわかりやすくヨイショをして客を持ち上げていました。つまり、店の顧客に気に入られるようにしていました。

次に、店の稼ぎ手である遊女に気に入られます。そのときにしていたのは、状況を大きく変えることではありません。むしろ、一つひとつは小さなことでした。しかし、求められたときには、即座に応えていました。これを地道に繰り返しています。こうすることで、妓楼のなかでの立ち位置が確立しました。

といっても、あまりやりすぎると、佐平次のように、同僚からは煙たがられるかもしれません。佐平次は、追い出してもらって居残りを解消するために、あえてそうしたわけですから、こうした敵対関係を作らずにいることもできたはずです。

例えば、佐平次が来て売り上げが上がったのなら、旦那がその名目で店の者にもご祝儀を出せば、若い衆も佐平次をこれほど目の敵にはしなかったでしょう。この店は、客あっての商売だからです。

この噺の教訓は、小さなことでも上司や同僚から求められたときにすぐ応えることが、関わり方に変化をもたらすということです。顧客はその場限りのヨイショでも気をよくするかもしれませんが、付き合いが長くなる社内での関係では、そうもいきません。上司や同僚の求めに繰り返し応えることで信頼が生まれます。

このときの期待は取り立てて大きい必要はありません。プログラミング思考の観点からいえば、ごく小さい、具体的な手続きベースの期待がよいでしょう。つまり、佐平次ならこれを修理してくれそう、といった期待です。

専門用語としては確立した呼び名はありませんが、他者に対する効力期待とでもいえるものです。つまり、自己効力感ならぬ他者効力感を抱かれるということです。

佐平次の振る舞いには、関わり方という意味で学ぶところは大きいですが、私たちは佐平次ほど器用にできませんよね。ですからもっとシンプルなことに心がけてみませんか。自分の言動に少し工夫をすることで、相手との関わり方を少しだけ変えてみようとするのです。

これは立川こはるさんから教わった小技ですが、例えば、自己紹介するにしても、「おいしいお酒を飲むのが好きだ」と、ただ自分のことを話していたのを、「おいしいお酒を飲める店を探しているなら、いつでも言ってください」と言い換えてみることはどうでしょう。声をかけてもらえる可能性は高くなるはずです。

要は、相手との関わりのなかで自分のことを紹介していくのです。

ほかにも、上司に指示をされたとき「どうしたらいいですか」と単に自分が取るべき行動を聞くのはやめて、「どうしたらお役に立てますか」と、質問してみるのはどうでしょう。「私事」ではなく、上司と自分との関係性へと落とし込む位置づけ、つまり、「間事」になるように聞き方を変えてみてはどうでしょう。

こうした小さな言動の工夫が、職場での私という存在を原因と結果の矢印をつなぐ実体として置くということの意味するところです。工夫の繰り返しが、ゆくゆくは上司との関わり方を変えていきます。

おわりに

プログラミング思考は、現代の情報社会を支えている発想法です。

とすれば、プログラミング思考は、文系理系を問わず、多くの人が学ぶべき現代の教養の一つといえるでしょう。

教養として学ぶテーマは、何も明日役に立つということばかりではありません。

そうしたテーマは、むしろ、日々生きる世界が有する意味を多層的に理解するための、思考の拡張装置です。ですから、教養を得ると、社会に起こる出来事のニュアンスの違いに気づき、ほかの人にはない思考の補助線を引くことができます。

補助線の思いがけない結びつきによって、同じ物事にも異なる意味合いを敏感に感じ取れるようになります。

すると、生きる世界がこんなにも多様な意味を持っていたのかと、気づかされます。ただ世界の意味合いが多様だと気づくばかりではなく、そうした世界の肌理は、ワインの味と香りの複雑さのように味わうことができます。

ですから、教養は大人のたしなみです。

本書で紹介したプログラミング思考は、日常的な区分では、理系の領分にあり、文系出身者は、なんとなく興味を惹かれるものとしてあるけれども、なかなか手の届かないところにあったのではないでしょうか。

プログラミング思考についても、ただ使い方を知りたいのなら、プログラミング言語の本やウェブサイトを調べれば事足ります。しかし、直近の問題に適用する方法を知るといった即物的な水準を超えて、プログラミング思考という、この数十年で人類が獲得してきた発想法の持ち味を知るということが重要だと私は考えています。

プログラミング思考という発想法を、いつ使い、いつ使わないのか、使うならどんなところに気をつければいいのか、そうした機微にも気づいて、自分の身体のように使いこなすところまでできるような学びをしてほしいと願っています。

本書では、こんな変わった視点でプログラミング思考について、文系の方にもわかる表現で書くことを目指しました。

これまで、一流プログラマやプログラミングの専門家によって書かれた多くの著書があります。これらの著書は、主に二種類に分けられます。

一つはプログラミング言語について説明したり、レクチャーしたりする本です。もう一つは、プログラミングの経験を基にした効率化の指南書です。どちらの場合にも、初心者向けと謳《うた》っていても、プログラミングをしたことがない本当の初心者にはハードルが高いものでした。

初心者にすれば、いずれの種類の書籍も読むにはハードルは高すぎて、その下を余裕でくぐれるようなものばかりです。そういう難しい話の前に、私たちはプログラミングが何なのかを、もっと素朴に知りたいのです。

言い換えれば、私たちは、具体的なプログラミング言語がどんなものなのかよりも、例えば「なぜプログラミングが必要なのか」、「プログラミングでは、どうなるとよいと考えるのか」、「私たちの生活に役立つことはあるのか」といった疑問に答えてほしいと思っています。

そして、これらの疑問に答えてくれる本があるなら、それが読みたい、と。

実をいえば、これは私自身がプログラミングを学びながら感じた切実な願いでもありました。ですから、ここで論じたプログラミング思考は、私が研究を模索するなかで、文系の発想を持って、理系の世界を覗《のぞ》いてきたからこそ書けたものだと信じています。

本書を通して、プログラミング思考っておもしろそうだなと、あなたがちょっとでも思ってくだされば、これほどうれしいことはありません。

本書を書くにあたっては、集英社の稲葉努さんに大変お世話になりました。本書の基となる『小説すばる』での連載の話を提案いただき、加えて、思い通りには文章が進まない著者を、連載の期間ずっと励ましてくださいました。感謝いたします。また、この連載を基にして新書への展開を応援し、実現へと導いてくださった同じく集英社の渡辺千弘さんに御礼申し上げます。

最後になりますが、東京理科大学の先輩方、先生方にはプログラミングについて、基本中の基本から教えていただくとともに、研究について親身になって相談に乗っていただきました。本当にありがとうございました。

令和元年五月

著者記す

図版作成／株式会社ウエイド

野村亮太（のむら りょうた）

一九八一年生まれ。認知科学者。鹿児島純心女子大学講師。九州大学大学院人間環境学府および東京理科大学大学院工学研究科修了。博士（心理学）、博士（工学）。専門は、落語の間《ま》、噺家の熟達化。International Society for Humor Studies Conference Graduate Student Awards 2007、日本認知科学会二〇一四年論文賞、各受賞。著書に『口下手な人は知らない話し方の極意　認知科学で「話術」を磨く』（集英社新書）。

プログラミング思考《しこう》のレッスン　「私《わたし》」を有能《ゆうのう》な演算装置《えんざんそうち》にする

集英社新書〇九八〇G

二〇一九年六月二二日　第一刷発行

著者……野村亮太《のむらりょうた》

発行者……茨木政彦

発行所……株式会社集英社

東京都千代田区一ツ橋二-五-一〇　郵便番号一〇一-八〇五〇

電話　〇三-三二三〇-六三九一（編集部）
〇三-三二三〇-六〇八〇（読者係）
〇三-三二三〇-六三九三（販売部）書店専用

装幀……原　研哉

印刷所……凸版印刷株式会社

製本所……加藤製本株式会社

定価はカバーに表示してあります。

ISBN 978-4-08-721080-4 C0204

Printed in Japan